空的哲理

中国佛学经典宝藏

14

道安 著

星云大师总监修

人民东方出版传媒
東方出版社

《中国佛学经典宝藏》
大陆简体字版编审委员会

总序

星云

自读首楞严，从此不尝人间糟糠味；

认识华严经，方知己是佛法富贵人。

诚然，佛教三藏十二部经有如暗夜之灯炬、苦海之宝筏，为人生带来光明与幸福，古德这首诗偈可说一语道尽行者阅藏慕道、顶戴感恩的心情！可惜佛教经典因为卷帙浩瀚、古文艰涩，常使忙碌的现代人有义理远隔、望而生畏之憾，因此多少年来，我一直想编纂一套白话佛典，以使法雨均沾，普利十方。

一九九一年，这个心愿总算有了眉目。是年，佛光山在中国大陆广州市召开“白话佛经编纂会议”，将该套丛书定名为《中国佛教经典宝藏》①。后来几经集思广

① 编者注：《中国佛教经典宝藏》丛书，大陆出版时改为《中国佛学经典宝藏》丛书。

益，大家决定其所呈现的风格应该具备下列四项要点：

一、启发思想：全套《中国佛教经典宝藏》共计百余册，依大乘、小乘、禅、净、密等性质编号排序，所选经典均具三点特色：

1. 历史意义的深远性
2. 中国文化的影响性
3. 人间佛教的理念性

二、通顺易懂：每册书均设有原典、注释、译文等单元，其中文句铺排力求流畅通顺，遣词用字力求深入浅出，期使读者能一目了然，契入妙谛。

三、文简意赅：以专章解析每部经的全貌，并且搜罗重要的章句，介绍该经的精神所在，俾使读者对每部经义都能透彻了解，并且免于以偏概全之谬误。

四、雅俗共赏：《中国佛教经典宝藏》虽是白话佛典，但亦兼具通俗文艺与学术价值，以达到雅俗共赏、三根普被的效果，所以每册书均以题解、源流、解说等章节，阐述经文的时代背景、影响价值及在佛教历史和思想演变上的地位角色。

兹值佛光山开山三十周年，诸方贤圣齐来庆祝，历经五载、集二百余人心血结晶的百余册《中国佛教经典宝藏》也于此时隆重推出，可谓意义非凡，论其成就，则有四点可与大家共同分享：

一、佛教史上的开创之举：民国以来的白话佛经翻译虽然很多，但都是法师或居士个人的开示讲稿或零星的研究心得，由于缺乏整体性的计划，读者也不易窥探佛法之堂奥。有鉴于此，《中国佛教经典宝藏》丛书突破窠臼，将古来经律论中之重要著作，做有系统的整理，为佛典翻译史写下新页！

二、杰出学者的集体创作：《中国佛教经典宝藏》丛书结合中国大陆北京、南京各地名校的百位教授、学者通力撰稿，其中博士学位者占百分之八十，其他均拥有硕士学位，在当今出版界各种读物中难得一见。

三、两岸佛学的交流互动：《中国佛教经典宝藏》撰述大部分由大陆饱学能文之教授负责，并搜录台湾教界大德和居士们的论著，借此衔接两岸佛学，使有互动的因缘。编审部分则由台湾和大陆学有专精之学者从事，不仅对中国大陆研究佛学风气具有带动启发之作用，对于台海两岸佛学交流更是帮助良多。

四、白话佛典的精华集萃：《中国佛教经典宝藏》将佛典里具有思想性、启发性、教育性、人间性的章节做重点式的集萃整理，有别于坊间一般“照本翻译”的白话佛典，使读者能充分享受“深入经藏，智慧如海”的法喜。

今《中国佛教经典宝藏》付梓在即，吾欣然为之作序，并借此感谢慈惠、依空等人百忙之中，指导编修；吉广兴等人奔走两岸，穿针引线；以及王志远、赖永海等大陆教授的辛勤撰述；刘国香、陈慧剑等台湾学者的周详审核；满济、永应等“宝藏小组”人员的汇编印行。由于他们的同心协力，使得这项伟大的事业得以不负众望，功竟圆成！

《中国佛教经典宝藏》虽说是大家精心擘划、全力以赴的巨作，但经义深邈，实难尽备；法海浩瀚，亦恐有遗珠之憾；加以时代之动乱，文化之激荡，学者教授于契合佛心，或有差距之处。凡此失漏必然甚多，星云谨以愚诚，祈求诸方大德不吝指正，是所至祷。

一九九六年五月十六日于佛光山

原版序
敲门处处有人应

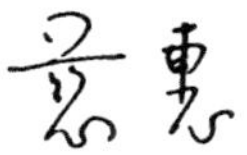

《中国佛教经典宝藏》是佛光山继《佛光大藏经》之后，推展人间佛教的百册丛书，以将传统《大藏经》精华化、白话化、现代化为宗旨，力求佛经宝藏再现今世，以通俗亲切的面貌，温渥现代人的心灵。

佛光山开山三十年以来，家师星云上人致力推展人间佛教，不遗余力，各种文化、教育事业蓬勃创办，全世界弘法度化之道场应机兴建，蔚为中国现代佛教之新气象。这一套白话精华大藏经，亦是大师弘教传法的深心悲愿之一。从开始构想、擘划到广州会议落实，无不出自大师高瞻远瞩之眼光，从逐年组稿到编辑出版，幸赖大师无限关注支持，乃有这一套现代白话之大藏经问世。

这是一套多层次、多角度、全方位反映传统佛教文化的丛书，取其精华，舍其艰涩，希望既能将《大藏经》

深睿的奥义妙法再现今世，也能为现代人提供学佛求法的方便舟筏。我们祈望《中国佛教经典宝藏》具有四种功用：

一、是传统佛典的精华书

中国佛教典籍汗牛充栋，一套《大藏经》就有九千余卷，穷年皓首都研读不完，无从赈济现代人的枯槁心灵。《宝藏》希望是一滴浓缩的法水，既不失《大藏经》的法味，又能有稍浸即润的方便，所以选择了取精用弘的摘引方式，以舍弃庞杂的枝节。由于执笔学者各有不同的取舍角度，其间难免有所缺失，谨请十方仁者鉴谅。

二、是深入浅出的工具书

现代人离古愈远，愈缺乏解读古籍的能力，往往视《大藏经》为艰涩难懂之天书，明知其中有汪洋浩瀚之生命智慧，亦只能望洋兴叹，欲渡无舟。《宝藏》希望是一艘现代化的舟筏，以通俗浅显的白话文字，提供读者遨游佛法义海的工具。应邀执笔的学者虽然多具佛学素养，但大陆对白话写作之领会角度不同，表达方式与台湾有相当差距，造成编写过程中对深厚佛学素养与流畅白话语言不易兼顾的困扰，两全为难。

三、是学佛入门的指引书

佛教经典有八万四千法门，门门可以深入，门门是无限宽广的证悟途径，可惜缺乏大众化的入门导览，不易寻觅捷径。《宝藏》希望是一支指引方向的路标，协助十方大众深入经藏，从先贤的智慧中汲取养分，成就无上的人生福泽。

四、是解深入密的参考书

佛陀遗教不仅是亚洲人民的精神归依，也是世界众生的心灵宝藏。可惜经文古奥，缺乏现代化传播，一旦庞大经藏沦为学术研究之训诂工具，佛教如何能扎根于民间？如何普济僧俗两众？我们希望《宝藏》是百粒芥子，稍稍显现一些须弥山的法相，使读者由浅入深，略窥三昧法要。各书对经藏之解读诠释角度或有不足，我们开拓白话经藏的心意却是虔诚的，若能引领读者进一步深研三藏教理，则是我们的衷心微愿。

大陆版序一

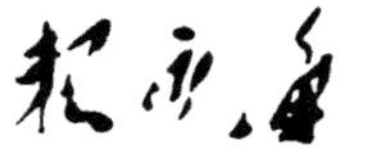

《中国佛教经典宝藏》是一套对主要佛教经典进行精选、注译、经义阐释、源流梳理、学术价值分析，并把它们翻译成现代白话文的大型佛学丛书，成书于二十世纪九十年代，由台湾佛光文化事业有限公司出版，星云大师担任总监修，由大陆的杜继文、方立天以及台湾的星云大师、圣严法师等两岸百余位知名学者、法师共同编撰完成。十几年来，这套丛书在两岸的学术界和佛教界产生了巨大的影响，对研究、弘扬作为中国传统文化重要组成部分的佛教文化，推动两岸的文化学术交流发挥了十分重要的作用。

《中国佛学经典宝藏》则是《中国佛教经典宝藏》的简体字修订版。之所以要出版这套丛书，主要基于以下的考虑：

首先，佛教有三藏十二部经、八万四千法门，典籍浩瀚，博大精深，即便是专业研究者，穷其一生之精力，恐也难阅尽所有经典，因此之故，有“精选”之举。

其次，佛教源于印度，汉传佛教的经论多译自梵语；加之，代有译人，版本众多，或随音，或意译，同一经文，往往表述各异。究竟哪一种版本更契合读者根机？哪一个注疏对读者理解经论大意更有助益？编撰者除了标明所依据版本外，对各部经论之版本和注疏源流也进行了系统的梳理。

再次，佛典名相繁复，义理艰深，即便识得其文其字，文字背后的义理，诚非一望便知。为此，注译者特地对诸多冷僻文字和艰涩名相，进行了力所能及的注解和阐析，并把所选经文全部翻译成现代汉语。希望这些注译，能成为修习者得月之手指、渡河之舟楫。

最后，研习经论，旨在借教悟宗、识义得意。为了将其思想义理和现当代价值揭示出来，编撰者对各部经论的篇章品目、思想脉络、义理蕴涵、学术价值等所做的发掘和剖析，真可谓殚精竭虑、苦心孤诣！当然，佛理幽深，欲入其堂奥、得其真义，诚非易事！我们不敢奢求对于各部经论的解读都能鞭辟入里，字字珠玑，但希望能对读者的理解经义有所启迪！

习近平主席最近指出：“佛教产生于古代印度，但传入中国后，经过长期演化，佛教同中国儒家文化和道家文化融合发展，最终形成了具有中国特色的佛教文化，给中国人的宗教信仰、哲学观念、文学艺术、礼仪习俗等留下了深刻影响。”如何去研究、传承和弘扬优秀佛教文化，是摆在我们面前的一个重要课题，人民东方出版传媒有限公司拟对繁体字版的《中国佛教经典宝藏》进行修订，并出版简体字版的《中国佛学经典宝藏》，随喜赞叹，寥寄数语，以叙因缘，是为序。

二〇一六年春于南京大学

大陆版序二

依空

身材高大、肤色白皙、擅长军事的亚利安人，在公元前四千五百多年从中亚攻入西北印度，把当地土著征服之后，为了彻底统治这里的人民，建立了牢不可破的种姓制度，创造了无数的神祇，主要有创造神梵天、破坏神湿婆、保护神毗婆奴。人们的祸福由梵天决定，为了取悦梵天大神，需要透过婆罗门来沟通，因为他们是从梵天的口舌之中生出，懂得梵天的语言——繁复深奥的梵文，婆罗门阶级是宗教祭祀师，负责教育，更掌控了神与人之间往来的话语权。四种姓中最重要的是刹帝利，举凡国家的政治、经济、军事、文化等等都由他们实际操作，属贵族阶级，由梵天的胸部生出。吠舍则是士农工商的平民百姓，由梵天的膝盖以上生出。首陀罗则是被踩在梵天脚下的土著。前三者可以轮回，纵然几世轮转都无法脱离原来种姓，称为再生族；首陀罗则连轮回的因缘都没有，为不生族，生生世世为首陀罗，子孙也倒霉跟着宿命，无法改变身份。相对于此，贱民比首陀罗更为卑微、低贱，连四种姓都无法跻身其中，只能从事挑粪、焚化尸体等最卑贱、龌龊的工作。

出身于高贵种姓释迦族的悉达多太子，为了打破种姓制度的桎梏，舍弃既有的优越族姓，主张一切众生皆平等，成正等觉，创立了佛教僧团。为了贯彻佛教的平等思想，佛陀不仅先度首陀罗身份的优婆离出家，后度释迦族的七王子，先入山门为师兄，树立僧团伦理制度。佛陀更严禁弟子们用贵族的语言——梵文宣讲佛法，而以人民容易理解的地方口语来演说法义，这就是巴利文经典的滥觞。佛陀认为真理不应该是属于少数贵族、知识分子的专利或装饰，而应该更贴近普罗大众，属于平民百姓共有共知。原来佛陀早就在推动佛法的普遍化、大众化、白话化的伟大工作。

佛教从西汉哀帝末年传入中国，历经东汉、魏晋南北朝、隋唐的漫长艰巨的译经过程，加上历代各宗派祖师的著作，积累了庞博浩瀚的汉传佛教典籍。这些经论义理深奥隐晦，加以书写的语言文字为千年以前的古汉文，增加现代人阅读的困难，只能望着汗牛充栋的三藏十二部扼腕慨叹，裹足不前。

如何让大众轻松深入佛法大海，直探佛陀本怀？佛光山开山宗长星云大师乃发起编纂《中国佛教经典宝藏》。一九九一年，先在大陆广州召开“白话佛经编纂会议”，订定一百本的经论种类、编写体例、字数等事项，礼聘中国社科院的王志远教授、南京大学的赖永海教授分别为中国大陆北方与南方的总联络人，邀请大陆各大学的佛教学者撰文，后来增加台湾部分的三十二本，是为一百三十二册的《中国佛教经典宝藏精选白话版》，于一九九七年，作为佛光山开山三十周年的献礼，隆重出版。

六七年间我个人参与最初的筹划，多次奔波往来于大陆与台湾，小心谨慎带回作者原稿，印刷出版、营销推广。看到它成为佛教徒家中的传家宝藏，有心了解佛学的莘莘学子的入门指南书，为星云大师监修此部宝藏的愿心深感赞叹，既上契佛陀“佛法不舍一众”的慈悲本怀，更下启人间佛教“普世益人”的平等精神。尤其可喜者，欣闻现大陆出版方东方出版社潘少平总裁、彭明哲副总编亲自担纲筹划，组织资深编辑精校精勘；更有旅美企业家鲁彼德先生事业有成之际，秉“十方来，十方去，共成十方事”之襟怀，促成简体字版《中国佛学经典宝藏》的刊行。今付梓在即，是为序，以表随喜祝贺之忱！

二〇一六年元月

目　录

1　空的哲理

绪论

哲学是多方面的，也是艰深难于了解的；而佛教哲学中的空理，更是多姿多彩，其内涵更不容易了解；所以这篇文字，只有从文学、哲学、科学各个不同的角度，勉强来诠释它。为了通俗化、大众化，这实在是出于不得已耳。

空，梵语 Sunyata，意思是说：凡是存在宇宙现象界的万有，都莫不由许多因缘——关联的序列性——组构而成；凡是由因缘组合而成的现象界，根本就没有独立个体存在之可能性，佛教哲学称它为“缘起性空”或“中道观”。中道亦含有否定论，否定两边，中亦不立的彻底绝对超越的精神。

《维摩经·弟子品》“诸法究竟无所有，是空义”。《万善同归集》“教所明空，以不可得故，无实性故，是不断灭之无”。

佛学中的“空”“不”(不生不灭等)“无”(无眼耳鼻舌身意……无苦集灭道等)，在这些地方是含有否定意义的。空，只是否定宇宙间存在事物上的不变性、实有性—自有性、独立性—独存性；亦即是否定哲学上所谓本体论、唯物论、唯心论；宗教上的唯神论、真宰论、唯梵论等种种情执谬见的错误观念。能彻底认识宇宙一切无不变性、无实在性、无独存性，便能彻见万有的实相，诸法的本真。空或中道，是站在纯客观的立场，以最高超越的智慧观点，去鸟瞰透视宇宙全盘事物的真实相貌。

空理不但是七百七十五卷《般若经》的精髓，而且是全系大小显密佛学的核心和特质，同时也可说是人类智慧文化中至高的结晶品。绝非世人脑海中所想象四大皆空，五蕴皆空的空，以为佛学讲空是什么都没有的无或空空洞洞、空空如也的断灭消极、虚无缥缈之谓。因此，认为凡是学佛者，皆视为逃避现实的消极分子。实际上，佛学中的空理，恰与一般误会者所想象的正成反比例。从没有、断灭、空无，消极的意念上理会空，那才是一般人士过于直觉的一种错谬肤浅得可笑的见解；

而不是佛学论空的真正具体含义所在了。

空与有，可以说是事物的一体两面，正是相反相成的矛盾统一超越律。所以《中观论》上说“以有空义故，一切法得成；若无空义者，一切则不成”的肯定命题了。

空理既是多姿多彩的，我们应当从多方面去观察透视认识它，因它是超言语文字知识学术思想的一种，最普遍圆满严格超越绝对的真理；而又适合改善人类思想生活，启发人生理性，净化世界，净化人心，提高向上人格的唯一方法。我们不欲改善提高人类向上的理性生活目的便罢，欲之，舍空的圆满哲学，是莫由达到了。

世界人类，无分古今中外，他们所有的学术文化生活思想的来源，除大圣佛陀及其少数弟子外，我敢说，其余的莫不皆由原始混杂着我痴我见我慢我爱，不正知见腐蚀了的。质言之：他们的心眼，均未经过实践空的真理之水所荡涤之故。所有学说思想，皆含有大量的毒素和锈质成分在内。

人生能体认圆满的空理，从而实际地把握它、凭借它、实践它。经过不断的观察、修习，渐渐地即能空去不良的我痴我见，分别执着的习性；渐渐地便能启发始觉的理性生活；便能知善行，转迷为悟；进而智眼明彻，心地坦荡，皎洁光亮；有如碧空万里，杲日丽天，无幽不烛了。人生若不经过空慧真理之火的锻炼、陶铸，那无异于埋藏混杂在矿渣堆里的金子，是作用不得的。

空之否定性，是具有去腐生新，富于积极革命精神的。人生必须否定（扔掉或破坏）其一切故有的私蔽、迷执、成见，涤蠲其颓唐意识，自满骄慢态度和唯我独尊的错谬思想，然后才能达到“度尽一切众生，皆成佛道，而实无有一众生为我所度者”，不居功的海量。能空，才能做到“无我相、无人相、无众生相、无寿者相”“毋意、毋必、毋固、毋我”四绝的境界。能空，才能做到“忍人之所不能忍，行人之所不能行，舍人之所不能舍”如释迦、提婆、法显、玄奘等，成为顶天立地的出格大丈夫。能空，才能做到“富贵不能淫，贫贱不能移，威武不能屈”如董狐高风亮节的牺牲精神。能空，才能有如“明镜高悬，遇形则鉴；洪钟在架，有叩则鸣”如响斯应、灵明洞彻的慧眼。能空，然后能扩展其“太虚不拒诸峰插，沧海何妨万派流”的襟怀。“仁者，物我浑然一体”，空也。“民胞物与”“先天下之忧而忧，后天下之乐而乐”亦空私我之境界也；而“振衣千仞岗，濯足万里流”“海阔凭鱼跃，天高任鸟飞”之胸量，非空去胸间傀儡，亦无法做到。至于佛之“地狱未空，誓不成佛”悲天悯人之弘愿，“苦乐冤亲，一视平等”“情与无情，同圆种智”之坦荡情怀，非有最高超越之般若智（悟空之智），是更不能有所企图以窥门墙了。反之，“拔一毛而利天下不为”者，不空也。“鸟尽弓藏，兔死狗烹”，此权力不空的残忍屠夫手段也。历史上杀人不眨眼的魔鬼如，近代之希特勒以及历史上之昏君，奸臣贼子，莫不是党同伐异甘为自私自利的奴隶，蔽其心量，此皆不能放下（空去）私我主观成见之故也。总之，吾人无论是研究学术也好，对人对事也好，若不一空倚傍，不能站在客观的角度处理学问与人事，则必一意孤行。如此，在事功上必一无所成；在学术上不是支离破碎、鲁莽决裂，便是断章取义，拾人牙慧，以为家珍。

上面说过：空是多姿多彩的，今为说明空的真正含义，使之通俗化大众化起见，特地作多方面的引证，事实上的诠释，不惮反覆的叙述，俾大家能有确切的认识和深刻的了解，以为研究佛学基础的确立。

佛学说空，既非空空洞洞，一无所有的，也不是不可捉摸、玄秘奥妙的形而上学，是可以从存在具体的宇宙人生事物上去体认它、辨正它、理解它，才能把握到这一正确的命题；若离开现实具体的事物讲空，那便会陷落到不可想象的拨无因果恶取空的断见深坑中去，是非常危险的！欲明了空的正义，必先明了具体事物中的人——五蕴——不可。

从具体的人——五蕴——说起

凡动物的组成，都不能离开物质和精神组合的五蕴。五蕴就是色、受、想、行、识。此五种怎么都叫蕴？蕴是聚集的意思，就是说积聚许多相似而性质同一系统的事物或心理，把它归纳成为一类，就叫做蕴。若作品类、范畴讲，亦无不可。《俱舍论》说：“诸有为法和合聚义，是蕴义；如契经中说：‘诸所有色：若过去，若未来，若现在，若内若外，若粗若细……如是一切，略为一聚，说名色蕴。’”这段文，把它译成语体是：“凡是由因缘——各种关联——相互结构存在于现象界的事物——诸有为法，把它归纳分成一类一类的，就叫作蕴。”佛经上说：“凡宇宙间所有构成物质之原素及物体的物质现象通通叫色。已经消逝坏灭了的物质叫过去色；尚没有发生成长到现在的物质叫未来色；已经由未来移到摆在眼前可见的物质叫现在色；属于我们本身的物质——生理——叫内色；我们身外的物质叫外色；能用肉眼看得见的物质叫粗色；肉眼所不能见的，要假科学仪器（如放大镜等）方可见到的物质（如原子核，极微等乃至紫外线）叫细色。这一切的一切，把它归纳——积聚——成为物质一类，总叫它为色蕴。其余受、想、行、识四蕴，皆可以类推了。

什么叫色

色的概说　原子、物质、生理、物理。佛学中的色字，含义颇广，它包括构成一切物质的原素（原子、佛学的四大极微，科学的一十三种原素）及一切物体现象在内。换言之，色是一切物质（与由物质影响人的行为心理的反应活动叫无表色也在内）的共名。如内而眼、耳、鼻、舌、身五根（五官器）及五种神经系统；外而色（青黄等显色，长短等形色，取舍等表色，无表色，定果色，空一显色等），声（八种）、香、味、触五现实境的物理世界，都称之为色。可见佛学讲色，非一般人所指男女狭义之色，乃概括我们的身子和各种原素以及身外的大宇宙都概括在内。这一切都叫色蕴。

色的定义　善变的物质。色是质碍义、变坏义。质是体质，碍是障碍，凡是有体质的东西，必互相发生阻碍；如香炉和桌子，两样都有体质，而不能互相容摄；凡具有质碍的事物，同时又都具有变坏的意义；如香炉桌子等，它本身无不在刹那刹那迁流演变，而无不循着破坏消灭之规律前进的，这是物质由生起、而发展、而变化、而消灭，所经程序的必然规律，凡是色法（物质），都不能超越这质碍变坏的原则的。物质的变坏有两种：一为自然的变坏（见后一期无常中）；二是人为的变坏。例如钢铁，自身生锈，是自身的自然变坏；钢铁经一千二百度的热度，便变成为液体，至一万二千度以上，便变为气体了。这是人为的变坏。

什么叫受

受是我们对外境接触时，身心上生起一种领纳的功能，而接受外面——客观环境——一切事物的感觉心理作用，与心理学上的感觉、感情、情绪等相仿佛。我们接触适意的顺的环境时，即生喜悦的情绪，愉快的感觉，名为喜受、乐受；接触不适意的违逆的恶劣的环境时，生起忧悲的情绪，痛苦的感觉，名为忧受、苦受。离开上面那些苦乐忧喜爱恶哀怒等情绪之外，接触那不苦不乐不忧不喜的平凡境界，在生活上和精神上都激不起激昂奋斗或狂欢等浪花情绪，过着无所谓的生活，名为舍受或中庸受。总之，凡属情感方面的心理作用总名受蕴。

什么叫想

想是我们内心对外境接触时，所想象的事物、道理，而生起一种认识的心理作用，与心理学上的知觉、写相、表象相仿佛。凡我们思想上的概念，了解、联想、分析、综合；乃至由此而产生新的概念等，皆是想蕴的心理作用。

什么叫行

行是造作义。我们与外境接触时，内心起种种思虑、选择、决断，怎样适应环境、改造、安排、处理周围种种环境等心理活动皆名行，由此动身发语而成为行为，与心理学上的意志仿佛似之。行蕴，可说是一切活动心理中的参谋团。

什么叫识

识是明了分别义，是我们对外和对内受想行的总认识的统觉作用。也可说是全部心理活动中的统帅，主持认识的首长，精神的总枢纽。佛学及心理学中的意识或潜意识、集团意识，即是识蕴。

五蕴何以说是空的

五蕴中无我、无人、无众生、无寿者，不实如镜、花、水、月，故云五蕴皆空。五蕴是构成整个人生的具体表现。色是物质的、生理的；受、想、行、识，是精神的、心理的。五蕴合拢来，就是心物统一论。从佛学的立场看万物之灵或天地之性人为贵的人，我、生命或全生物界，都不过是由这五种因缘关系和合组织而存在的，若离开这些关系，它就找不着一个独立性的人、我、生命了。五蕴和合成人，五蕴的本身亦是没有独立性和不变性的缘起法。《增一阿含》卷二十七曰："色如聚沫，受如浮泡，想如野马，行如芭蕉，识为幻法。"吾人身心，忽生忽老忽死，假相合聚，五蕴不是空是什么？

这样讲空，我相信大家也许还不能得到确切彻底的了解和把握到"五蕴皆空"所以然的命题吧？兹再从多方面来加以说明：

从相续假看空——无常故空

所谓相续，就是时间的连续，因为时间是每一刹那连续的假相，没有办法分割出来，使它永久存在不变，这种情形，佛学上称之为"无常"。我们可以从下列三方面来分析它：

刹那无常 刹那无常（Anitya，Imperṛ-manence），又名刹那生灭（bhanga），译一念顷，时间极短之谓。经云一念中有九十刹那，一刹那中有九百生灭。凡物于极短之时间发生变化者，莫如心念，故刹那刹那识曰念念。《无量义经》："诸法本来空寂代谢不住，念念生灭。"《维摩经》:“是身如电,念念不住,此身刹那刹那,代谢不住。”苏东坡云:“生世本暂寓,此身念念非。”

时间不外乎过去、现在和未来波浪式连接的三世。如果精密的分析,那便是无量数的刹那所组成,现在的一刹那,立刻变成过去,未来的一刹那,一会就变成现在。你如果要找现在的一刹那,正在寻求之时,即已变成过去的一刹那了。就在这相续的刹那——时间的组成,要去求过去、现在、或未来的一刹那,永远不可得。

佛学说:“一念中有九十刹那,一刹那中有九百生灭。”世界上一切事物,无不以极迅速的光的速度(每秒钟行三十万公里)不停地消逝过去而为我们迟钝者所不能知,这种隐而难知的刹那无常,庄子之“交臂非故”,佛说“一见不再见”,赫拉吉利图的“濯足长流,抽足复入已非前水”,禅宗之“婴孩垂发白如丝”,皆为刹那无常的注脚。须发爪甲剪了,怎样又长起来?乌丝怎样又变成白发?皮肤怎样由青春嫩晰而变成鸡皮似的皱了起来?一件新衣,一座新洋房,一朵美丽的鲜花,怎样演变而旧,而褪色,而凋谢,而烂坏倒塌?这是上帝主宰的吗?还是偶然如此?佛学告诉我们:这不是什么造物主——神——所使然,而是自然现象发展中的必然定律——无常发展过程中的必然法则,客观的真理规律。凡宇宙万物,内而身心,外而世界,无不循此刹那无常相续的假相流变着，人们不明白此无常假相是缘起性空，在错觉妄知上而执以为实为常，这实常的观念，殊违背客观真理——空——的。

一期无常 一期，就是时间上划分较刹那为长，但仍不过为刹那的连续而已。如六十秒为一分钟，六十分为一点钟，二十四点为一昼夜，乃至一月、一年、一世纪、百千万世纪，仍是多刹那相续的假相，不过比刹那无常来得显而易见罢了。例如一切事物一期的生、住、异、灭；人生一期的生、病、老、死；世界（地球或星球）一期的成、住、坏、空，这些事物本身一期的延续假相，当然比刹那无常显而易见得多。

宇宙间一切现象的存在物，无论是生物、植物，乃至各种星球之类，无不经过四相——生、住、异、灭——程序演变的；例如这一座房子，在三年前没有这座房子，现在由没有而忽然把它建筑起来，这就是无而忽有名生的生相；房子既建筑起来，没有意外的火灾、水灾、风灾、地震、战祸的话，至少也得五十年或一百年的存在，这就是存在的时期生位暂停名住的住相；而它的存在时期，是不能永恒不迁不易的停住不动的，虽然前后相续相似的存在，似能保持它前后的一贯性的假相，其实仍是刹那地在自身内部不断地发生冲突而激烈的变化着，这就是住别前后名异的异相；而它本身变异的结果是自身由相成而相反，由渐变而突变的结果是归于消灭，这就是暂有还无名灭的灭相。一幢房子必经过此生住异灭一期四相的程序；而一朵花、一株树、一个太阳、一个人，都莫不由其自身的发生而发展、而变迁、而消灭、而归于空寂。

依据宇宙万物发展的公律进行的事物，有时相反而相成，或相成而相反，或相反而相反的。宇宙万物之发展，据黑格尔的说法，万物到达了某种程度，必转化为自身相反的东西；且转化之原因不是来自外界，实即存于发展之物的本身。他说："有限事物的诸限制，并非单是来自外界，一事物之自身的本质，就是消灭其自身的原因，凭他自己的活动，他可以转化为自身相反之物。"（此语应从思想上去理解）

万物发展到极点时，终必转化为与自身相敌对的东西。且常见到的水，沸了则变为汽，冷了则结为冰，便是很明显的例子。类此的公律，只要留心观察，随地随时都可发现的。佛学中之无常、无我、空的真理，就是说明这种公律的究竟的必然铁则。生物之有生必有死，世界之有成必有坏，此乃缘起因果法则的必然公律，不必要有什么神来主宰才是如此的。人生因缘起而生长、存在、发展，亦因缘起而衰老、而变迁、死亡；然此死亡，并非一灭永灭而断绝；如冬期之稻种，一到春季得着种种因缘会合时，又会复生的啊！此无尽期中的一期缘起假相，虽然生灭灭生，如长江水，滔滔前后不绝地流着，一般人仍不能认识其为无常、为空，而执以为永恒不变者。

人世无常　宇宙中有一种真实的况味，这况味，往往不为一般醉生梦死感情麻木的人所能赏识；而天地坦然，具有履霜坚冰至的敏感者，则又每每低回咏叹，实不能已于情者。这种真实况味究竟是什么？那就是无常之痛啊！这里只从历史文学的角度谈谈人世的无常。我国历史上的英雄豪杰之士，似皆具有两种不同的性格和感情：一是激昂慷慨的豪情；一是对于无常的悲痛。东晋时代的桓温，他平时以第一流人物自许的。“大丈夫，不能流芳百世，亦当遗臭万年”的豪语，就是他说出来的，其气概之盛，于此可以想见一般了；而他在北征途中，看见昔日亲手种植的杨柳，不觉泫然流起泪来，感叹道：“昔年移柳，依依汉南；今看摇落，凄怆江潭；树犹如此，人何以堪！”又南宋时代的辛弃疾（稼轩），亦是个豪情侠骨，一时无双的人物，他的“破阵子”词道：

> 醉里挑灯看剑，梦回吹角连营。八百里分麾下炙，五十弦翻塞外声，沙场秋点兵。马作的卢飞快，弓如霹雳弦惊。了却君王天下事，赢得生前身后名，

可怜白发生！

他又一首“满江红”词道：

过眼溪山，怪都似，旧时曾识；还记得，梦中行遍，江南江北。佳处径须携杖去，能消几两平生屐。笑尘劳，三十九年非，长为客。

吴楚地，东南坼；英雄事，曹刘敌。被西风吹尽，了无尘迹。楼观才成人已去，旌旗未卷头先白；叹人间，哀乐转相寻。今犹昔。

我们读了这些词句，心头不觉生起了无限的惆怅！此外如曹孟德的“对酒当歌，人生几何？譬如朝露，去日苦多”的“短歌行”；汉武帝的“欢乐极兮哀情多，少壮几时兮奈老何”的“秋风辞”；魏文帝的“忧来无方，人莫之知；人生若寄，多忧何为？今我不乐，岁月其驰”的“善哉行”；陈思王的“惊风飘白日，光景西驰流；盛时不可再，百年忽我遒；生存华屋处，零落归山丘”的“箜篌引”；李后主国亡后所写各词，字字皆血泪，读了叫人肠断！高尔基的“不论你怎样，到头来都是棺材和坟墓”的“人间集”。范石湖自营寿藏诗有云：“纵有千年铁门槛，终须一个土馒头。”亦皆是慷慨悲歌凄凉之至，真叫人不忍卒读啊。“朝喜花艳春，暮悲花委尘，不是悲花落，悲我是花身。”这是个人生无常的感叹。“生汝如雏凤，年荒值几钱？此行须珍重，不比阿娘边！”“挑灯含泪叠云笺，万里缄封寄可怜？为问生身亲阿母，卖儿还剩几多钱？”这真算得两首音节哀亮、不忍卒读、骨肉分离、家庭剧变的无常曲。“千里修书只为墙，让他几尺又何妨？长城万里今犹在，不见当年秦始皇。”“旧时王谢堂前燕，飞入寻常百姓家。”“吴宫花草埋幽径，晋代衣冠成古丘。”“江雨霏霏江草齐，六朝如梦鸟空啼。”“寥落古行宫，宫花寂寞红；白头宫女在，闲坐说玄宗。”“老僧已死成新塔，破望无由认旧题。”这些诗无论从形式与内容说来，莫不是说明历史人世的无常观。我国历代有价值的文学，多半是描写生离死别、人世无常的感慨，不知赚了若干有情人的眼泪，如《红楼梦》《长恨歌》《阿房宫赋》《吊古战场文》《桃花扇》等，均是一幅无常的写照图画。近代大艺术家丰子恺说：“真从无常之恸，发出来的感怀佳作，其艺术永远不朽！在他们的读者，往往觉得这些部分最可感动，最易共鸣。因为在人生的一切叹怨如惜别、伤逝、失恋、坎坷等当中，没有比无常更普遍地为人人所共感了。”这些话说得很对，只有无常之痛才是人世间的真实况味。

无常的洪流，泛滥了整个古今的人类社会。试思百年前世界上千万人类，而今安在？着此身于天地间，真似断梗飘萍一般，毫无所托。所以有些人因此怀着消极的念头，不愿向前进取；也有些人及时行乐，尽情地享受，以求麻醉自己身心志气的。我国道教一流的人物，不解无常的真谛，更从事于内丹外丹的修炼，希望能得到长生不老的境界。一个人有生必定有死，这原本是自然的因果铁则。我们呼吸之间，就是一死一生了。彼辈修道炼丹之流，不能在此无常真理中认识生命的意义，怅惶地以希求寿命的无限延长；耶稣永生之企求，实在是愚妄荒谬极了。至于一般尽情享乐，本来也是人的常情，无可厚非的，然而人生除了享乐以外，就再没有别的人生意义了吗？何况盛会不再，乐往哀来，深恐欲求忘怀一切，而终不可能啊！那么，一般享乐冀求麻醉身心的人，实无异是慢性自杀呀！悲观消极的人，似不若因任自然安时顺处的人的达观。古往今来，宇宙间没有一件东西一个人，而不是以极快的速度变动电掣云驶、飞奔迁流过去的。地球亦将毁灭，太阳终归死亡，我们又何必用晶莹的热泪洗此长恨！若就佛学来讲，我们的生命是不断的，所作的业力也是不灭的，纵然趋于自杀，仍是杀不了的；悲观消极或求长生的妄动，那只是自己白白地讨苦吃而已。兹录孔尚任的《桃花扇》里“哀江南”一词如后，以作本节的结语。

山松野草带花挑，猛抬头秣陵重到。残军留废垒，瘦马卧空壕。村郭萧条，城对着夕阳道。

野火频烧，护墓长楸多半焦。山羊群跑，守陵阿监几时逃？鸽翎蝠粪满堂抛，枯枝败叶当阶罩。谁祭扫？牧儿打碎龙碑帽。

横白玉八根柱倒，堕红泥半堵墙高。碎琉璃瓦片多，烂翡翠窗棂少。舞丹墀燕雀常朝。直入宫门一路蒿，住几个乞儿饿殍。

问秦淮旧日窗寮，破纸迎风，坏槛当潮，目断魂销。当年粉黛，何处笙箫？罢灯船，端阳不闹；收酒旗，重九无聊。白鸟飘飘，绿水滔滔。嫩黄花有些蝶飞，新红叶无个人瞧。

你记得跨青溪半里桥，旧红板没一条，秋水长天人过少。冷清清的落照，剩一树柳弯腰。

行到那旧院门，何用轻敲，也不怕小犬哰哰。无非是枯井颓巢，不过些砖苔砌草。手种的花条柳梢，尽意儿采樵。这黑灰是谁家厨灶？

俺曾见金陵玉殿莺啼晓，秦淮水榭花开早，谁知道容易冰消？眼看他起朱楼，眼看他宴宾客，眼看他楼塌了。这青苔碧瓦堆，俺曾睡过风流觉，将五十年兴亡看饱。那乌衣巷不姓王，莫愁湖鬼夜哭，凤凰台栖枭鸟。残山梦最真，旧境难丢掉，不信这舆图换稿。诌一套哀江南，放悲声唱到老！

一部世界史，都莫不是黄粱一梦，了不可得啊！第二次大战死伤了五千万生灵，多少战争狂人如希特勒、东条之流，谁又不成为历史陈迹中的人世无常？结果只落得“采得百花成蜜后，到头辛苦一场空”啊！

刹那、一期、人世三种无常统是表现相续性的，其无常之情形已如上述，因其无常故名为相续假，相续既假，既无常，则缘起的万物无不变性，所以万物是空了。刹那和一期两种无常，可说是科学的，哲学的；人世无常，可说是情感的，文学的。吾人能时时体会到这无常的真理，则一切不必要的残忍战争，立即可以解除。人间净土，经过真理的陶冶，是可以逐渐实现的。

从循环假看空——因果故空

从循环假看空，我们可以举一个例子来说明，比如谷子，播种在田里，不久，它便发出芽来，渐渐的变成秧、禾，然后一天一天的成长，乃至开花、结实，又变成和播种时相同的谷子。这就是因果循环的道理，从谷子播种到谷子结实，在这一循环之中，播种下去的谷子为因，结实的谷子为果。结实的谷子既不是播种时的谷子，播种下去的谷子如果不经过发芽乃至秧、禾等程序也无法变成结实的谷子。在这一循环中，每一个阶段都是假的，因它后者否定了前者之故。所以名为循环假，在循环假中，有着不生不灭因果律的存在，这许多因果律，由生而灭，灭了又生；由因结果，果又为因，因因果果，生生灭灭，虽然如是，皆是假相，如旋火轮，全无实体。这就是循环假，既是假，假是缘起，缘起即是空了。许多人，不了解因果是缘起的假法（因可为果，因非不变之真因，果可为因，果非不变之实果），而认它为常住不变性的。因果如系不变性，实有性，那它有自主力，那么凡夫的因果必不能转成出世的圣者因果了。如此，则违圣教量——无常——的空谛了。

从和合假看空——缘起故空

佛学以为一切物质之所以存在，皆是由于四大或各种因缘和合而成。其结构之原素，佛学谓之四大种，即地大、水大、火大、风大是（非眼见之地水火风也）。地大是指一切坚固的物质，属固体；水大是指一切流动的物质，属液体；火大是指一切的热力，和潜在物体内部的一种能；风大则指空气的变换情形，属动体。例如人体的组成，骨骼、皮肉、指甲等类属地大；血液、痰涕、便水等属水大；体温属火大；呼吸属风大。大，即普遍的义，此地水火风四种原素遍于一切万有，为组成万有现象之重要因素，故称为四大。科学把人体分成许多种化学原素，是与四大相似的。又如茶杯，瓷属地大，塑型调和时所用之水属水大，烧瓷时用的煤柴等燃料属火大，火无空气则不燃，故必须有风大。四大和合乃是一切物体组成之因，再详言之，茶杯是瓷，瓷是氧氢及铝硅等构成的，离开了各种关系，则无茶杯可言了。又如每一分子的水中有氧原子一个，氢原子两个。再进一步分析时，它具有电子十个，质子十个，中子八个。如果再追下去问电子是什么组成的？中子、质子又是什么构成？科学家也得不到最后的结论，只好勉强说是能，再往下追，也就无法可说了。又如一粒黄豆的生起与存在，是由黄豆为因，水、土、阳光、空气、肥料、人工为缘而生起存在，缺一则不能起，反之则消灭。故万物之存在莫不是缘起的。一切万物现象，离开因缘和合，则物体即不存在。而因缘的本身，亦莫不是因缘的假和合相，所以我们肉眼所见的虽是物体的存在，实是一种和合假。再以心理活动现象而论，亦莫不是依缘起而存在，而绝对无独立性者，以吾人眼官之见为例，须具备十个条件，才能发生有见物的作用，否则缺少其中任一个条件就不能有见物的功能了。十个条件：一、眼根——眼器官和视神经——不坏，盲人因缺眼根，所以不能有见物之用。

二、境，境是对象，即色境。三、空间，眼看物取境，必须与空间距离，否则物逼附于眼则不见。四、明，即光波，如白日、月夜、星、灯光等助缘才能见物作用，若黑漆一团见个什么。五、眼识，见的种子功能，此与生理学上唯视神经能见则不同，因视神经是属生理，见功能是心理的。生理、心理各有种子，不可混淆！六、作意，即注意，如无注意，见而如无见。孔子说："心（作意）不在焉，视而不见，听而不闻，食而不知其味。"正此之谓。七、根本依，即阿赖耶识。八、染净依，即第七末那识。九、分别依，即第六意识。十、等无间缘。前六点，已极科学了；后四点，科学家亦尚未梦见在。眼见如此，听觉、嗅觉、味觉乃至触觉、感觉，莫不各具条件，始能有心理活动也。因缘生起的生理、物理、心理现象，既依缘起而存在，而无个体独立性，则当体即空了。

从相对假看空——相待故空

自从大科学家爱因斯坦发明了相对论以来，一切的事物，都已没有绝对性的了。人坐在火车里，坐火车的人所看到的是窗外的事物和地在动，人是坐着不动。火车外边的人，则看到车子在动，车子外边的事物并不动。

又如我们说这个人是迷，那个人是悟，要知道悟必须对迷讲，如果世界上没有悟的人，则迷者自迷，亦不觉为迷了。反之，如果世间没有迷的人，则悟者自悟，亦不觉为悟了。复次，烦恼与菩提，智与愚，贫与富，乃至父子、师生、男女、好丑等，亦复如是。这种世间相对的事理的分别相，即名为相对假，既是相对假，则一切名字相、言语相，所谓五法、三自性、八识、二无我的一切，毕竟了不可得，了不可得，那不是空的么？

从相状假看空——无标准故空

两个人在一块，甲长得美，乙长得丑，我们说甲是美，乙是丑。如果有个丙长得比甲还美，则甲丙两人相比，甲是丑，丙是美。刚才美的人立刻变为丑了。又如再有一个丁长得比乙还丑，则乙丁两人相比，乙是美，丁是丑了。刚才丑的人则又变成美了。复次高低相较，亦复如是，高有更高，低有更低，更高者与高者相较，高者就为低了，反之低者亦可为高了。前面说过，水遇冷成冰，遇热为汽，水也、冰也、汽也，莫不皆相状假。这种相状比较，毫无标准，故名相状假，相状假以无标准故，由此知其空。

从名词假看空——假名故空

一个刚生下来的女孩子，我们称之为女婴，长大时，我们叫她小姐，求学时叫她女学生，结婚后叫她太太，生了孩子又变成母亲，生孙时，又名祖母。女婴也、小姐也、女学生也、太太也、母亲也、祖母也乃至太祖母也，皆一人也。何以有如许多称呼？这不是名词假的证明吗？又如一株树木，在山林中谓之森林，砍伐下来叫做原木，做成门则称门，做成窗则叫窗，制成桌则称桌，刻成佛像则又称佛，木也、门也、窗也、桌也、佛像也、楼板也、木筏也，皆假相假名也。世间各种事物，实际上是但有假名而无实义，称为名词假，佛学上的空，实有此义。

从认识不同看空——心境无定故空

庄子说："毛嫱、丽姬，人之所美也。鱼见之深入，鸟见之高飞，麋鹿见之决骤；四者，孰知天下之正色哉？"站在情人的立场去看他私心所爱的人，那她纵然没有毛嫱、西施她们那么美丽，可是在情人的眼里她一定要漂亮过西施；若在她仇人或情敌的角度去看她，那她也许会变成莫名的丑恶的罗刹，人间的祸水。这还是就人类男性的立场言；若从鱼、鸟、麋鹿异类而论，则美之所谓美，就更加没有标准了。我承认庄子的见解是对的。

《二十唯识论》说："是一水，鱼见之为宫殿、园林；天人见之为琉璃；饿鬼见之为火焰、脓血；而人见之为水。"此种不同主观的认识，与庄子的说法，如出一辙。也许有人怀疑动物认识不同，乃由它们的生理、心理的组织所使然；但水之为物，总不能说无决定性的。这种怀疑也是难免常识上的错觉，前面不是说过水遇热化为汽，遇冷凝结为冰；……水果真是不变的么？许敬宗对唐太宗说："春雨如膏，农夫喜其润泽；而行人恶其泥涂。明月如镜，佳人喜其望赏；而盗贼恶其光辉。"这些例子，都不过说明了认识的心理和被认识的境界，实无足凭借以为标准的。总之，无论是主观的心理现象也好，物理的客观现象也好，皆没有一成不变的决定性。无决定性，则万法繁兴，林林总总，而到头来无不是空。

缘生性空

《大智度论》卷二十二说："一切有为法，无牢无强，不可取不可着，为如幻化，诳惑凡夫。因是无常，得入空门；又无常想，即是圣道别名。"这里有为法，指世间一切由缘——关系条件——而起的精神物质事物。此一切事物，是不坚牢不强固，取而不可守，着而不可恃，忽焉而生，忽焉而灭，如幻如化，故曰“无常”。由于无常得悟空理，得入空门（三解脱门之一）。空是宇宙中绝对或普遍必然性的真理。故无常之概念，即是圣道别名。然则由无常的概念，怎样就能悟入空门呢？今以书籍为喻。吾人现在所读的书本，印刷精良而美观，裒然成帙，固甚可珍爱。唯经几度翻阅之后，汗垢污渍，美观渐失；若再遇雨淋水浸，则斑烂漫漶，不堪卒读了。不幸又为火焰所焚，立即化为飞灰；而昔日之书不见矣，此所谓无常。然此书在未经印刷装订之前，固无所谓书。吾人所阅读之书，就此已经印刷装订者言。则书必借印刷装订及著作发行等种种因缘——关系——而成。此种种因缘完全破坏时，书亦随之而化为乌有。则书之所以为书，非自古以来，即有其可以自立自主不变之实性。宇宙万物，莫不皆然。佛学总称之曰“无自性”——性空。无自性故空。《心经》云：

是诸法空相，不生不灭，不垢不净，不增不减。

此乃形容空的相状，空而说为不生不灭者，如书籍因缘而生，亦随因缘而灭。此书如此，彼书亦然，古时之书如此，现在与将来之书亦然；但书空无自性之空理则恒常不变（此所以空成为宇宙中绝对或普遍必然的真理）。在书无性的理境上，无此书彼书、中国书外国书的差别相可见，故曰空。空，决不因此书彼书中国书外国书之生而生，亦不因此书彼书中国书外国书之灭而灭，故曰："是诸法空相，不生不灭。"又书污之即垢，污除即净；大量生产即增多，材料缺乏即减少；亦皆是缘生现象上的事情，与空理无关；故又曰："不垢不污，不增不减。"然此空理，绝非一具体之物，吾人仅能从逻辑的推理之不可得证知之。古德所谓，"说是一物即不中"，盖恐人们于此生执着，以空为耶教之上帝，道教之太极，先天地生而生万物，如此，则有拟物之失，犯无穷的祸患，是佛学所极反对的。

宇宙万有，形形色色，化化生生，物质的，精神的，无一非因缘会合而生，因缘生故，皆无独立、不变的自体；而莫不共此一空性。此空性既为宇宙万有之所共，故一毛之微而曰空可，指大地山河日月星辰而曰空亦可。此飘浮于无常洪流上之一切现象，如悲欢离合，生死荣枯，莫不一一当体即空。既空矣，则苦乐悲欢，荣辱得失之心境，夷而与空性之不生不灭相应；以不变应万变，则苦乐平怀，天机活泼。精神上自不致流于极度之苦闷，而消极颓丧或慢性自杀。长生不老之谬说，当更无可动其心志。昔之高僧，常有道流所谓：神仙者赠之以仙经，惠之以灵丹，而皆置之不顾；或竟面斥其妄，如黄龙之斥吕纯阳为守尸鬼，可概见了。

吾人既观一一物境当体即空，则心无所住；心无所住故，则不随烦恼之冲动而生迷妄。心如波澄之止水，高悬之明镜，物来斯照；则是非黑白，自然曲当其情。于是在子则孝，在父则慈，在夫则义，在妇则顺，在友则信，居官临下，则忠荩廉明；即随俗而为贩夫走卒，亦不至于欺弱昧寡，浑水摸鱼。又心无所住，则无窒碍，无窒碍，则不为物役；故能“富贵不能淫，贫贱不能移，威武不能屈”。其余种种惊天地、泣鬼神之丰功伟业，亦莫不从此空观而出；所以空具有革命的积极性、建设性。人类的心灵，能透过佛法空的洗礼，其思想言行，才能获得真正奋发有为，积极向上而进取。

空有不二

《中观论·观四谛品》颂云：

以有空义故，一切法得成；
若无空义者，一切则不成。
若诸法不空，无作罪福者；
不空何所作？以其性定故。
汝破一切法，诸因缘空义；
则破于世俗，诸余所有法。

若无有空者，未得不应得；

亦无断烦恼，亦无苦尽事。

此诸颂的大意是：若宇宙万有——诸法——本性非空，则各各应有决定性；诸法若有决定性，则各各应常住不变，不变之法，应非缘生，诸法既非缘生，则无罪无福，无因果业报，亦无生死流转，亦无出世还灭，现象界之一切法则，皆将完全推翻，故破坏一般常识的世俗谛——世间真实。世俗之事相既被否认，则亦无超常识的绝对真理的存在，世间将永远如槁木死灰，毫无生机，则实不成其为世界。然现实世界，决非如此，故"第一义空"不可破。空不可破，诸法无决定性、无不变性、无独立性、无自有性。无决定性故，于是因缘和合而生，因缘离散而灭，生生灭灭，流转无穷。于是花开花落，苦乐相乘，有世俗，亦有真理。而此世界活生生，热辣辣，万花缭乱，柳翠桃红，灿烂庄严，无法不备了。

空不可破，宇宙万有之生起与存在，必具足此空性而后成其为万有；空性亦必借万有而后见其本真，决非破坏万有归于空无——没有——而后始名为空。《大智度论》卷五十五说：空即是般若波罗蜜，不以空智慧破色令空，亦不以破色因缘故有空。空即是色，色即是空故。

《大乘密严经》亦说：离空无有色，离色无有空；如月与光明，始终恒不易。诸法亦如是，空性与之一；辗转无差别，所为皆得成。性空之空理，与缘起现象界的一切事物，既如月之与光明，始终不二，吾人欲亲证此空理，必不能舍离缘起的现象界之一切事物而别求之于无何有之乡。须知完成缘起现象界之万有，吾人绝不可自作聪明，违此性空真理而别出心裁固执己见，凭空构造一个万能之神或真宰来。唯有此严格而普遍之真理始能为万德之母。

欲认识真理，必不能舍离现象界的一切具体的事物，是现象界之一切事物不碍性空之理了。须知完成现象界一切事物的缘起，亦不能违此性空之空理，是性空不碍现象界之一切事物了。不碍现象界之空理曰真空；不碍空理之现象界曰妙有；有而曰妙，空而曰真，则色空性相之界限泯而浩然大均，会归于一，是为无碍法界。于此亦不可着、不可取、不可住之境界，名曰无住涅槃或无上解脱。此种境界，若以我国哲学解释之，则宋程明道《识仁篇》:“仁者，浑然与物同体。”仿佛似之。若以西洋哲学解释之，则黑格尔《精神现象》一书中，所述精神发展之最高阶段有“内外一致，主客和谐，物我无二，天人合一”的境界，与此亦有多少相似之处。唯程明道之所言，乃是感情上的；黑格尔较精于思辨，而仍觉空洞，未若佛法深切着明也。

孔子“逝者如斯夫，不舍昼夜”“朝闻道，夕死可矣”，其言甚为悲切而意远。人生此世，顷刻百年，若谓人生只须随本能之冲动，求得物欲的满足，则饮食男女而已，何异于禽兽！沉沦于物欲，不见性灵，不识真理，大道当前，反以为邪途曲径，于是投机取巧，杀人越货，无所不用其极。此何故？盖人心无真理以作轨则，无解脱之远景以寄性灵，其精神必如脱缰之野马，其事业便如空中之楼阁；则其思想言行，必不得其正，纵有事业必支离，纵有情怀皆破碎。此真理之所以为今日人类所急需，而解脱汩没之性灵，尤须于此空有不二，理事不二中求之。

结论

自孔德主张实证哲学的建设，詹姆斯等亦有实用哲学之标榜。殊不知佛教二千五百年前，就提出解行并重之高出此等哲学的哲学了。抗战期间，任中敏氏在桂林圈山主持汉民中学时，常以我国《高僧传》为教材，以启导学生实践自我教育，免得出了学校，便是空腹高心，所学与做人治事而脱节。任氏曾听我讲《心经》于月牙山，对人曰：“吾人能真正明白实践般若空义，大雄无畏之牺牲奋斗精神，不期然而愤悱矣。可惜我国浚浚群公，于佛学中之空理，一无所知，否则‘文官不爱钱，武官不怕死’孤忠亮节之气度，已澎湃于国人心海中矣。”任氏对高中生讲正气歌曰：“正气之灵魂即为空的哲理，文天祥正实践之，故能视死如归，垂危之际，犹能作正气歌，若不能‘照见五蕴皆空，度一切苦厄’曷克至斯。”任氏可谓于空义得少分受用了。古人说学以致用，学不能致用，即与生活治事为人脱节，何异纸上谈兵，吾人应将空的哲理，恒蕴藏于方寸之间，务使与日常做事、待人、接物、语默动静，行住坐卧，应对进退之生活，打成一片，方能真于佛学得到受用。今之谈佛学与学佛者，多半理论是理论，行为是行为，思想是思想，生活是生活，不能将理论思想与生活做事联系起来，发生关系，实在失去以行验解，以解导行，解行合一的实践工夫之故。希望读者们，能实践理事不二，斯可谓之善阅是书了。

2　人心惟危新论

绪论

“人心惟危”这句话，是出自古书的书经里。书经又名《尚书》。《尚书》二十九篇中的《大禹谟》说：“人心惟危，道心惟微，惟精惟一，允执厥中。”这十六个字，向来被儒者称为道统或心传的宝典，宋、明理学家，莫不奉为金科玉律。道统的起源，出自韩昌黎的《原道》：“博爱之谓仁，行而宜之谓义，由是而之焉之谓道，足乎己无待于外之谓德，——尧以是传之舜，舜以是传之禹，禹以是传之汤，汤以是传之文武周公，文武周公以是传之孔子，孔子以是传之孟轲，轲之死不得其传焉。”于是儒家之道统绝，现在只有我韩愈才又继起这个绝学的道统。朱子尝谓：“圣贤道统之传，散在方册；圣经之旨不明，而道统之传始晦。”朱子承认道统到他们时已入晦昧，虽有记载，散在方册之中。我写得离题太远了，拉回头来：我不拟在这里引经据典说什么儒家道统，我只是把四句道统中的前二句，站在佛学的观点上来加以阐释人心之所以危，道心之所以微的理论而已。

关于人心、道心以及精、一、执中等阐释，我曾参考了数十种书，各说不同，就是近人的说法，究竟摸不着人心、道心的边际，多皆影响之说。大概多是一些读死书，闭门造车的瞎说。而且他们胸中存着一股传统文化的傻劲，甘作抱残守缺，孤陋寡闻，坐井观天的自我陶醉，不肯把思想放远，眼光放大，知识之圈加以延展，所以始终如井底之蛙，死也不肯相信有大海。同时，他们只知在古书堆里作蠹鱼以钻故纸，忘掉现实周围世界的大社会人生之实际环境与问题。于是他们所谓人心、道心，只是他们私心、偏见、自我之臆说的人心道心，实无补于现世人类之痛苦与安危。为学为文而不知其实用，与现实脱节，何需此种白纸黑字的学问呢？那简直是钻牛角尖了。

叔本华（Arthur Schpenhauer），认为生活意志（Will to live）乃宇宙的本体，由此意志以生吾人之欲望；而人生之欲望又永远无法获得满足之时。所以由此而引起人生无边之痛苦亦无有已时，因此，叔本华认为人生乃绝无价值，绝无意义。叔氏说：“万物各称其私，互相争斗，弱肉强食，迄无已时；故此世界非好世界，乃最坏之世界，充满无边愁苦。”世人称其哲学为悲观厌世者。佛学亦承认人生的痛苦为苦谛——事实，乃更进一步而追求此痛苦之所由来；知其所由来，然后可以作拔本塞源，釜底抽薪之计；则我们未始不能将一个最痛苦的人生，最坏的世界，改变成为最快乐的人生，最好最安稳的世界；亦即所谓转识以成智，转秽土以成净土，使之完全净化。人生的真价值在此，人生的真意义也就在此了。

然则人生之痛苦毕竟由何而来？《大禹谟》所谓“人心惟危，道心惟微”使然欤？囫囵吞枣之谈，毫不着实际，反不若以佛学的注脚，较为确切了当。

二

佛学把吾人的心理活动状态分为两大类：一为统觉心理，一为属觉心理。统觉又名心王，为一切心理之主宰；属觉又名心所，即属于心王所有的东西。梵文为Cetcika，意译是属于心的东西，这依心王生起，与心王相应的属觉心理，在唯识学上依其性质作用的不同，通常分为六类五十五种。分述于后：

遍行心理　分为五种。遍是普遍，行是活动，此五种心所，不论在任何时间，任何空间，任何心理，对任何环境感觉时，它们都一齐起来协助作了解活动。五种是：

（一）触：触是接触的意思，就是说两个以上的事物互相接触，和合为一而不相离，由此而生起感觉活动作用；如牛顿（Sir Isaac Newton），在伍尔索普（Woolsthorpe）地方的苹果树下，眼识及视觉器官最初接触苹果下降之一刹那，即属于触的心理活动。

（二）作意：作意即心理学的注意，使精神对于接触某一境界时，令心特别警觉注意，如谨慎小心等。若不注意，则视而不见，听而不闻。如牛顿见苹果落地，若无作意心理，则不能有"苹果为什么往下堕而不往上飞？"的问题发生了。

（三）受：受是领纳接受，我们对外界接触时，身心上生起各种感觉作用。心理学的感觉、感情、情绪等相似，我们接触适意——满意的顺的环境时，会生起喜悦的情绪，愉快的感觉，名为喜受、乐受；接触逆意——不适意——违反意境的恶劣环境时，会生起忧悲的情绪，痛苦的感觉，名为忧受、苦受。离开上面喜怒哀乐等情绪心理外，接触一种平凡境界，生活与精神上激不起昂扬兴奋或狂欢与悲愤的情绪，名为舍受——中庸受。如牛顿对苹果堕地，生起一种特别感到希奇的兴趣，就是受的心理活动作用。

（四）想：想是我们对某种境界或事物道理想象的基形化的度量，也就是一种认识的心理。心理学的知、写相、表相相似。凡吾人想象上模样的概念、了解、联想、分析、综合；乃至由此而产生新的创造观念，建立种种言词、名称，皆是想的心理活动作用。如牛顿感觉苹果堕地问题的兴趣后，加以想象其他物体均皆下堕等新的概观等。

（五）思：思是造作的意思，造作即活动，三思而后行可见思是推动支配各种心理与行为的原动力。吾人于事理境界上，生起种种思虑、选择、判断，怎样适应、改造、安排、处理周围的生活环境及人生之大计的心理活动，都是思的功用。它能驱使其他心理与行为（善恶的行为和语言等）。心理学的意志相似。思，可说是一切心理活动的总指挥的参谋首长。如牛顿见苹果堕地后，经过此思心所不断地推理、比拟、慎思、明察、研究后，才能发明了“万有引力定律”学说的结果。可见以上五种心理，对任何事物或道理的开始接触及处理，均离不开遍行心理的协助了。

别境心理　亦有五种。这一类的心所，与前面五种普遍心理活动范围不同。此五种心理乃对特别事境才能生起活动作用，而且不同时起来。《成唯识论》说：“缘别别境而得起，名曰别境。”别境心理有五种：

（一）欲：欲是希望义，希圣希贤等是好欲；希色希名等是不好欲，有了希望，便能向希望之途勇猛前进追求。

（二）胜解：胜是殊胜，解是了解，亦即认识。吾人对某一事境或义理学术认定而坚持己见，不为其他事理学说思想所诱引动摇而转变。如宗教信仰，他对自己所信仰的宗教得到确切的了解，认识了以后，是不会再被人所诱惑而转变其信仰的。所以学术思想和信仰，有了确切的认识胜解力，然后才能坚定其意志，踏实其立场。

（三）念：明记不忘叫念，亦即清彻的回忆。就是过去的境界或事理，在心壁上有了很清楚而深刻的印象，而不忘记的心理作用。

（四）定：义译等持，就是精神集中，思虑归一，把全副心力专注于一境上而不散乱移动的意思。

（五）慧：对于事理、是非、功德、过失、善恶、义利等项，加以简别、抉择、推求的能力就是慧。人生、社会、行为、事业、学术，均属此智慧心理所观察的对象。有智慧的人，决不附和人云亦云，而凭自己的观察能力去抉择一切，处理一切。

善的心理　有十一种：信、精进、惭、愧、无贪、无嗔、无痴、轻安、不放逸、行舍、不害。

根本烦恼　有十种：贪、嗔、痴、慢、疑、我见、边见、邪见、见取见、戒禁取见。

随烦恼　有二十种：忿、恨、恼、覆、嫉、诳、谄、害、憍、悭、无惭、无愧、不信、懈怠、放逸、失念、散乱、不正知、昏沉、掉举。

不定　有四种：悔、眠、寻、伺。

以上四类：善是道德的心理，根本烦恼及随烦恼是不道德的心理，烦是烦扰，恼是恼乱，此中前十种，是一切不道德心理发生的主干，故名根本烦恼；次二十种不道德心理，是依随根本烦恼而开支生起来的，所以叫作随烦恼或支末烦恼。第六类的不定心理，既不一定是善，也不一定是恶，故名不定。此四十四个心所，在唯识学典籍内，均有详尽的训释，读者如要了解它，可找《成唯识论》检阅，在此恕不烦引了。

现在我们就上面所举出来的六类五十五种随从心理的性质、数量来加以统计划分，就可以知道世界人类何以善人少，及恶人和中庸人多的根本原因所在了。上面五十五种心理，可分为三大类：一、中庸或中立的心理，如五遍行，五别境，四不定，这十四种心理，善恶皆不分明，它们随意识和环境与功能上的不同，而随时可以转移其立场的，所以我把它称为中立心理。二、善的或道德的心理，只有十一种。三、恶的或不道德的心理，却占了三十种之多。如果这三大类心理代表世界三大集团而区分在一个圆桌会议上开会，讨论人类的思想、行为，究应如何才对时，读者们试闭目想想看，究竟是中立集团分子力量强？还是善的美的好的道德的集团分子力量弱？抑或是恶势力，野蛮的不道德集团分子的力量雄厚？依此对比，那么，岂不是恶魔的烦恼集团分子要占绝对的优势了吗？我们自心中恶法心理既占绝对的压倒的优势，故曰“人心惟危”；我们自心中的善法心理仅占十一种（仅占恶势力三分之一），其力量远不如恶法阵容的雄厚坚强，故曰“道心惟微”。道心微而人心危，此世界社会扰乱之所由来，人类痛苦之所自出了。

上面就心王所有之心理加以区分人心之所以危，道心之所以微的原理。现在再来略说统觉心理。佛学之统觉心理，总名心王，分为四类、八种：第一为前五识，第二为意识，第三为末那识，第四为阿赖耶识。所谓前五识：即眼、耳、鼻、舌、身的五种认识心理，此五与一般生理上所谓五官不同，五官在佛学称为五根，五根只是能生五识——了别——的器官和神经（如视觉器官与视觉神经），所以眼等五官只是发识的九种助缘条件之一。第六意识的功能特别广，内外皆为其境。俯仰四海，顷刻九洲，为善恶之原动力。唯识学把它分为二大类：一为五俱意识——明了意识，包括五（前五识）同缘意识、不同缘意识；一为不俱意识，包括五后意识、独头意识。独头复有三：即独散意识，梦中意识，定中意识。第三末那识，恒常思维执人我之心理。第八阿赖耶识，此译藏，谓其为精神物质种子所藏之处。若再把此八识就哲学价值上可分为三类：前六识是知识论，第七识为人生论，第八识为本体论。再就实践宗教修证哲学上讲，此八识与前五十五种随从心理，均可随修行的功力而加以转变成为无漏清净的四智：转前五识为“成所作智”，转第六意识为“妙观察智”，转第七末那识为“平等性智”，转第八阿赖耶识为“大圆镜智”。那么，八识未转前，可以说人心与道心俱，如金与金矿俱；八识由实践修证而转为四智时，即人心而全为道心了，如金子经过锻炼工夫后，成为纯粹金子，永远脱离了矿质。这是用佛教心理学来区分人心与道心理论的根据。人能根据佛学净化人心的方法实践，人类的浊世，未尝不可以成为真善美的人间天堂的。若依儒家朱熹全书的说法，人心与道心，截然打成两撅，他说“人心，人欲也；道心，天理也；所谓人心者，是血气和合做成，道心是本来禀受，得仁、义、礼、智之心”。程明道、王阳明莫不各有各的说法，但若不是偏于真常唯心之一边，便偏于虚妄臆撰之说，此皆吃了不肯多读书，囿于一家之言——儒家——的亏了。

三

为节省篇幅，不拟在此多批评那些坐井观天、抱残守缺的近视眼的人了。兹录胡适博士在“国学季刊发刊宣言”里一段话，以作本文的尾声。胡氏说：“宋、明的理学家，所以富理解，全因为六朝、唐以后儒家的学说弥漫空气中，宋、明的理学家，全都受了他们的影响，用他们的学说作一种参考比较的资料，宋、明理学家，有了这种比较研究的材料，就像一个近视眼的人戴了近视眼镜一样；从前看不见的，现在都看见了；从前不明的，现在都明白了。同是一篇《大学》，汉、魏的人不很注意他，宋、明的人忽然十分尊崇他，把他从《礼记》里抽出来，尊为四书之一，推为“初学入德之门”。《中庸》也是如此的。宋、明人的戴了佛书的眼镜，望着《大学》《中庸》，便觉得“明明德”“诚”“正心诚意”“率性之谓道”等等话头，都有哲学的意义了……现在正是儒家信徒们要戴上西洋镜的时候了，可是他们还在井底里大闹，所以儒家要排斥佛老了的夏虫之见。他们的知识和智慧之天窗，总是被锢封在井底——儒家——的天地里，而不知学术思想，是没有国界畛域之分的。

3　人心惟危新论的脉落

答人心惟危新论读后感

本年七月中旬，海刊编者，曾将萧春溥居士所著《人心惟危新论读后感》一文寄给我看，并请我发表意见，以便一并在海刊上发表。阅后，径行寄还，并附带写了下面几句话："萧君之文，可说对新论抛砖引玉的回响，但我不拟作答。我以为一篇理论文章或一阕词，一首诗，不管写得如何，一经基型化了它的格局，便等于自然界中的一个星球、一个人、一株花木的格局一样，就不必勉强用人工再去制造或改变它的格局了。至于读者对它的欣赏、批评和反应的好坏，那是各人的观点，也用不着为它辩护，一切任之。"这是我对萧春溥君读后感的一点态度。八月三十一日，编者因事来访我，未遇，他在留函中又附带的说："九月号海刊，明日送排，法师对萧君《人心惟危新论读后感》，如发表意见，请早执笔，并为法师留下版面。"因此，我乃写了这篇短文。

我得先声明一句：我的所谓答，实等于不答，这话怎样讲？因我在这里只是表明新论的脉络处——重点所在，并没有对萧君读后感批评新论的文字逐条加以辩驳与批判。所以不这样：一、我如像萧君对新论的批评那么逐句的反辩，再加论证，势非数万字不能毕其辞，不免太烦琐了。纵然写成了，叫人看了，如堕五里雾中，莫得要旨。我对萧君的读后感，就有这一感觉。二、读者要了解我对一般批评佛教者的态度，请阅《论思想卫生及身心健康》一文，自见分晓。

我国堪舆家为人谋茔城，觅阳宅，往往不畏踏遍崎岖的崇山峻岭，万水千山，以追勘山势龙脉停落结穴之处，名之曰点穴。凡山势积气愈雄厚，其支麓脉魄亦愈磅礴，非善识者，愈找愈迷糊，实难觅其真穴。为文、读书，亦莫不然，不善读书者，读完一部书，而不知书中重点究竟何在？宗旨为何？萧春溥君之《人心惟危新论读后感》近万字，可谓洋洋大作；但萧君对新论所以新的脉落结穴处，似乎尚未摸着重心，迷于七纵八横千派万脉的歧麓支岔处，说这不是，那又不似。说儒家如何如何，只是有些理障，道理比不上佛理圆满而已。善既可转，如何可做道心？可是萧君对唯识学的善恶观念与转识成智的理解，尚未深入，否则便不会有此一问了。老实说唯识学条分缕析的方法，可以在科学心理学的实验室去实验的，难道真比不上那些空洞不着边际而无条理数量可资依凭的旧说吗？

因明、唯识、中观各学派，入吾国近二十世纪，所以晦而不彰者，未尝不是一般读书之士，缺少逻辑头脑之故。而重感情、珍保守、轻理智、拒新生，此我认为中国学术自汉武尊一孔黜百家以来，所以不倡，而无生气及鲜成就者。萧君似亦未能泯除诟新恋旧之成见，障蔽其运用比较研究法以发扬我国固有之学术，难怪不能点新论之穴了。禅宗古德教我们参禅不要死执语言相，应体会言外之旨，如有偈说："彩云端里仙人现，手把红罗半遮面，急须着眼看仙人，莫看仙人手中扇。"萧君只在新论的衬托文字上找毛病而加以指斥，何殊只看仙人手中扇？不但仅看扇子不够，即就多看他那华丽的衣服，周围绚烂夺目的五色彩云，还是不够，因为那不但根本不能看到仙人的真面目，而且失去仙人为什么出现云端的精神，岂不是枉费那仙人一片婆心了吗？萧君不知踏遍万山，只为点穴，画龙点睛即飞去，不必向后空捕影了。下面即是新论的来龙去脉和点穴处。

叔氏说："万物各种其私，互相争斗，弱肉强食，迄无已时；故此世界非好世界，乃最坏之世界，充满无边愁苦！”世人称其哲学为悲观厌世者。佛学亦承认人生的痛苦为苦谛——事实，然更进一步而追究此痛苦之所由来；知其所由来，然后可以作拔本塞源、釜底抽薪之计；则我们未始不能将一个最痛苦的人生，最坏的世界，改变成为最快乐的人生，最好最安稳的世界；亦即所谓转识以成智，转秽土以成净土，使之完全净化。人生的真价值在此，人生的真意义也就在此了。然则人生之痛苦毕竟由何而来？《大禹谟》所谓“人心惟危，道心惟微”使然欤？而所谓危，所谓微，所谓心，所谓道，是作何解？求之汉、宋儒者之书，类皆囫囵吞枣之谈，毫不着实际，反不若以佛学的注脚，较为确切了当。

这是《新论》的来龙文字。继此后，即用唯识心理学的分析法，把“五遍行”和“五别境”稍加注释；再标举“善心所”十一种，烦恼中之“根本烦恼”十种，“随烦恼”二十种，“不定”心理四种。再其次就以上五十五种心理加以检举它的类族，如何者为道德的善，何者为不道德的恶，何者为非善非恶的中立心理，原文说：“现在就上面所举六类五十五种随从心理的性质、数量来加以统计划分，就可以知道世界人类何以善人少而恶人及中庸人多的根本原理所在了。上面五十五种心理，可分为三大类：一、中庸或中立的心理，如五遍行，五别境，四不定，这十四种心理，善恶皆不分别，它们随意识和环境与功能上的不同，而随时可以转移其立场的，所以我把它们称为中立心理。二、善的或道德的心理，只有十一种。三、恶的或不道德的心理，却占了三十种之多。如果这三大类心理代表世界三大集团而区分在一个圆桌会议席上开会，讨论人类的思想、行为，究应如何才对时，读者们试闭目静思，究竟是中立集团分子力量强？还是善的美的好的道德的集团分子力量弱？抑或是不道德的恶势力集团分子力量雄厚？依此对比，那么，岂不是恶魔的烦恼集团分子要占绝对的优势了吗？”以上还是在寻龙论脉，不是落脉点穴处。“我们自心中恶法心理既占绝对的压倒的优势，故曰‘人心惟危’；我们自心中的善法心理仅占十一种（仅占恶势力三分之一），其力量远不如恶法阵容的雄厚坚强，故曰‘道心惟微’。道心微而人心危，此世界社会扰乱之所由来，人类痛苦之所自出了。”这才是万里辛勤最后点穴之处。萧君千言万语，似未着眼于此。

甫接方子豪博士由加拿大来函说：“久不阅海潮音，顷在友人处读《人心惟危新论读后感》，引发兴趣，立即找读新论原文，便对师之思考力，立论精湛圆微，叹为观止！师之此作，堪称绝论，发前人所未发，国人读之，应该叹服顶礼；自萧某杂乱披驳，殊欠公允之学术眼光。

师不幸，不生于重视学术思想之欧美，否则即此新论，足以获哲学博士无疑矣。”方博士之见解与钟伯毅长者，盛成教授之言，似不谋而合。（案慈航法师四周年纪念日，二老曾对笔者赞新论为前人所未发。）萧君却期期以为不可，宁非怪事！

引胡适之先生文作结论，乃本四依法中“依法（真理）不依人”，自不能为戴成见有色镜者所许了。同时佛教绝对不主张“邪人说正法，正法即是邪；正人说邪法，邪法亦为正”。站在公正真理的立场，是则是，非则非，绝不因人废言，颠倒黑白。柏拉图有“吾宁爱真理”之选择。萧君，以为新论对儒家有失温情，其实站在学术思想的立场上，实无异站在两阵对立的战场上。希腊大哲学家苏格拉底（Socrates），除极端反对诡辩派（Sophist）之主观主义与无能政府外，并以其对话的真知实学教授国人，影响青年甚大，虽遭无理审判而处其死刑，彼仍不愿认其学说之行为不当，并不愿接受罚款而贪生，甘心为学术真理而仰毒药以死。萧君似未重视。虽然，吾仍敬佩萧君，萧君能在国内学术空气极度沉闷下，勇于辩驳，肯用脑子，确算难得。我十分希望有如萧君者，更进一步，精研佛教之因明与西洋之理则学，从事博学、审问、慎思、明辨之工，武装其思想头脑，则吾国新学术之兴起，不一二十年后，或有可观。

4　匡谬篇

澄清世人的谬误观念

陆九渊（象山）云：“大抵学术，各有所说：儒者有儒者之说；老氏有老氏之说；释氏有释氏之说。天下之学术众矣，而大门则此三家也。”这种说法，若站在世界学说聚于一堂的今日而论，似未免有点迂腐的气氛；以他站在宋朝的观点来讲我国历代学术的大源，那的确是不易之谈了。即近代学者陈寅恪等亦有这种说法。“儒者践形尽性，而其失，流于乡愿；道家因任自然，而其失，入于荒诞；佛家究极天人，而其失，落于枯寂。千百年来，无人起而救其弊！于是惝恍迷离，无所适从，国运因之而衰?”关于儒家道家之失，姑置存而不去讨论它；现单就对佛教认识不清而发生谬误的方面，加以纠正。

佛教教主释迦牟尼佛，摒太子的尊荣富贵而出家，其动机是极富于革命性的，绝不是消极遁世逃避现实社会的怯弱者。试观他大觉悟成道以后，栖栖皇皇，席不暇暖，努力于人群的救护工作；如不辞劳苦，跑去调解释迦族和拘利族争水的纠纷；毗舍离城疫症流行，不畏传染，特去安慰教化病者；替病人洗衣；为盲人穿针；乃至许多政治家庭社会间的纠纷，无法解决时，也得请他去和解。那么，出家出世，难道是脱离社会群众的代名词吗？

佛学中以流转诠释世字，世间人生之所以迁变流转于三世——恒转如瀑流——不断的，是由于烦恼（思想）业（行为）所产生种种循环报复的事理。我们欲免除人类相贼相害的复杂因果事实，就必须去掉不良烦恼的动机所形成的行为——业；然后才可以免除人类相贼相戕的逼害现象，社会才得清宁，所谓出世，实含有心理革命的深意所在。孔子的“毋意、毋必、毋固、毋我”亦是出世的说法了。然而，社会一般耳食之徒，往往望文生义，以为既言出世，必与社会不相关涉，于是以消极退避为自鸣清高，以摆脱一切人生责任为究竟，这种看法与想法，实在是一种不可以为训的错误观念。兹译《瑜伽师地论·真实义品》以证佛教非自了者。

诸菩萨（以害他即自害，利他即自利的人）处在生死之中，观察一切皆空，则能成熟一切佛法及诸众生；又能如实了知生死，不因生死无常而怀消极厌世之心。菩萨如是以真实智慧，观察宇宙人生一切事物，具平等心；于五明处（因明、工巧明、医方明、声明、内明），勤加修学练习；虽复遭遇种种劬劳一切苦难而不改悔；不因学习精博而自负高；亦于他人有所请求无有秘密，是诸菩萨于生死中，如如流转，遭大苦难，则更能增加他对于真理的体认。

这里五明的明字，即学术意思。因明相当于论理学；工巧明包括了自然科学、应用科学、社会科学等；医方明等于医学、药物学、卫生学等；声明即文学、文字学、语言学等；内明为佛学及宗教哲学等。于此，可以知道真正的大乘佛法，自始至终，彻头彻尾，并没有劝人厌世一切，独善其身而求自了的呀！

佛学上论理而不离开事实，欲求真理境界的深造，自非在事境上磨炼去体认不可的。否则不是捕风捉影，即便认贼作父了。所以《六祖坛经》说："菩提在世间，不离世间觉；离世觅菩提，恰如求兔角。"佛及其弟子们所以出家，及所必经禅定智慧的冷静修养，然后才能发出"众生度尽，方证菩提；地狱未空，誓不成佛""我不入地狱，谁入地狱？不惟入地狱，而常住地狱；不惟常住地狱，而庄严地狱"的悲天悯人的伟大抱负来。佛教的真精神，即此亦可以见其大凡了。然则朱考亭谓“佛老犯三纲五常之大罪……佛灭尽人伦”，又如何圆其说呢？

明管登之说：“佛虽令比丘（出家的男子）辞亲出家，当其说法，人天毕集，比丘特其中一类耳。但释迦既示同比丘之迹；金粟如来乃现净名身，示同居士之迹，正以表六亲之不障道也。况佛度尽众生，反遗其眷属，必无此理，其劝比丘出家，所谓令先出生死，而后随顺众生入生死者也。人道非稼圃不生，而孔子鄙樊迟之请学；非妻子不续，而佛听比丘之出家。盖必有不学稼圃者，而后可以安天下之为稼者；亦必有不恋妻子者，而后可以度天下之有妻子者。今之人，争志于了性命而逆忧乏妻子，皆戏论也。”

北齐颜之推亦说：“内教多途，出家者自是其一法耳；若能诚孝存心，仁惠为本，不必剃落须发；岂令罄井田而起塔庙，穷编户以为僧尼也？皆由为政不能节之，遂使非法之寺，妨民稼穑；无业之僧，失国赋算，非大觉之本旨也。”

这些可称通论，可以隅反悠悠之谈，宜绝一般识者的口了。

惑者曰：师所云者，既解一部分之疑惑；然佛教止恶的初步为五戒；行善的初步是十善；五戒十善中，第一是戒杀生，佛教既视一切生物的生命平等，无有高下，无论大而人命，小而蚂蚁，皆不得直接间接故意杀害。理论固所赞同，而处在今日世界，我们若不杀敌人，敌人必杀我们！佛教慈悲之旨，吾师雄辩说言之伟论，固闻命矣，争奈时势何？请进一步，以释群惑。

佛教不杀，固属同情心所必然之趋向，世界文明发达至极，将必实行无疑。即就五戒而言，亦人类伦理所必遵守之约法。社会失此，必紊乱不堪。佛教五戒：不杀仁也，不盗义也，不邪淫礼也，不妄语信也，不饮酒智也。此不但与我国儒家五常伦理相近，且有过之者。

何尚之答宋文帝书云："百家之乡，十人持五戒，则十人淳谨；百人修十善，则百人和睦。传此风教遍于宇内；则仁人百万矣。夫能行一善，则去一恶；去一恶则息一刑；一刑息于家，则百刑息于国，是陛下言坐致太平是也。"

五戒足以辅法律政治之所不及，何尚之的说法，实甚明确，至于杀一儆百，为大义公道而杀一二，罪大恶极之类，则不在此杀戒之内所限了。凡侵略行为，佛教极端反对的；而反侵略，反集权，反奴役，为爱护真理，伸张正义，纵使牺牲自己生命，亦所不惜。关于此一类之事实，无论佛世之印度与我中华之佛弟子保国卫民，大开杀戒之传记中，及大乘戒律中，不乏史料可资检寻。

今为释国人之疑，略数述则，以见佛教大雄无畏舍己救人之精神所在了。

晋《高僧传》卷三求那跋摩传说：“求那跋摩，释名功德铠。宋之元嘉时，迎请西来，当其犹在关婆国时，颇为国王所敬。顷之，邻兵犯境，王谓跋摩曰：‘外贼恃力，欲见侵侮；若与斗争，伤杀必多；若其不拒，危亡将至；今唯归命师尊，不知何计？’跋摩曰：‘暴寇相攻，宜须御悍；但当起慈心，勿兴害念耳。’王自领兵拒之，旗鼓初交，贼便退败。”

又《增一阿含经》卷二十云：“波斯匿王，白世尊（释迦牟尼佛）曰：‘今此国界，有大贼起，昨夜半兴兵，擒获；今已坏贼。功劳有在，歌喜踊跃，不能自胜；故诣来至，拜跪觐省。设我昨夜，不即兴兵者，则不获贼。’尔时世尊告曰：‘如是大王，如王所说。’”

《瑜伽论菩萨戒本》云：“如菩萨见劫盗贼，为贪财故；或复欲害大德声闻、独觉菩萨；或复欲造多无间业。我宁杀彼堕那落迦（地狱），终不令其无间业成，受无量苦！如是思维：以怜悯心，而断彼命。由是因缘，于菩萨戒，无所违犯，生多功德！”

莲池《梵网戒疏发引》亦说：“然则有罪而杀，杀何犯焉？虞舜之诛四凶，周公之戮二逆，即斯义也。况复断死必为流涕，三覆然后行刑；是乃即杀成慈，虽杀非杀，法既不废，恩亦无伤，国政佛心，两无碍矣。”

这里揭示我们，佛教主张杀一而安天下或杀一救多人，在所不戒的；反之，应杀不杀，假仁假义，适足以养奸为患；应杀者杀之，不但无罪，而且生多功德！不过，切不要误会佛教主张杀的。这里有四个观点，必须加以认清，否则堕落有分在。一、对应杀或被杀者，不得有怨敌的想念，要绝对的生怜悯同情心；可怜他为贪痴等烦恼障蔽自己的良知良能，枉入歧途，现在我杀他，完全是为着度脱他。照因果律，他造罪杀害人多，堕落必深；今恐其堕落更深，又无别法使他改悔，只好杀之；二、为救广大群众的生命财产幸福安乐故，所以杀他；三、以业报论，我今杀彼，将来必为彼杀，但为救彼与群众的痛苦，甘愿替人做此杀他的堕落恶事；四、自己更不得存丝毫名利念头，亦不得生对被救群众作有恩德想。如此，则人我相空，杀者与被杀被救者，悉皆了不可得，这样才有功德。

《涅槃经》卷十二说：“仙豫王，杀害世恶婆罗门，以其因缘，却未堕地狱。”

又《报恩经》卷七载释尊过去杀贼救五百人故事：“有一婆罗门子，聪明黠慧。受持五戒，护持正法。婆罗门子，缘事他行，有五百人，共为途侣。前至险路，五百群贼，常住其中，贼主密遣一人，历伺诸伴，应时欲发。尔时贼中，复有一人，先与是婆罗门子亲善知识，故先来告语。尔时婆罗门子，闻此语已，譬如人噎，既不得咽，又不得吐；欲告语伴，惧畏诸伴，害此一人；若害此人，惧畏诸伴，没三恶道，受无量苦；若默然者，群贼害伴；若害诸伴，贼堕三恶道，受无量苦。作是念已，我当设大方便，利益众生，三恶道苦，是我所宜！思维是已，即便持刀，断此贼命。使诸同伴，安隐无为。”

这是何等有智谋熟虑勇敢无畏的精神？我常静思，假使世界各国的领导人，真能不迷信神权与武力，真能对佛教细心地加以研究认识与体验，则他们对世界和平人类的安乐贡献，决不止此。

此外，如《涅槃经》中：“有德王为护法故，与恶比丘战斗，将从人民眷属，有战斗者，有随喜者，命终皆生阿閦佛国。”经中：“佛许末法之世，执持刀杖，护持正法。”则佛教本可武装者。

田雯游少林寺记：“唐·昙宗住河南少林寺，精通武艺。武德四年，太宗时为秦王，奉命讨王世充。昙宗等十三人，一齐加入战线，各奋威猛，把敌兵荡平，凯歌回来。太宗奉昙宗为大将军，其余不愿意为官者，赐紫罗袈裟一袭。少林将石刻御札嵌于壁间。”

樵书二编卷九，僧兵湖广士兵篇云：“明嘉靖癸丑，倭兵入犯苏淞海滨。其兵民御之，败而走者三十七阵矣。操江蔡公克廉，募僧兵殄灭之。自后我师与倭战，多凯旋，凯旋自天员（和尚）一阵始也。……倭战杭城，三司令僧兵四十人御之，其将为天真天池二人（僧）。天池乃少林僧。于是交兵，大破倭奴，倭人走袭上海太仓。蔡公驰节于苏，走金币至杭，聘取僧兵。杭方戒严，莫肯与，鹿园（僧）无以谢蔡公，使人请月空（僧）等十八人，原非御寇四十人之列。三司遂听之。鹿园与月空曰：'尔之见都院也，宜述僧兵众寡不敌之形；缴其礼币而善辞之；脱有不允，可荐少林僧天员为将。天员现讲《楞严经》于天池山中，乃将材也。'月空见蔡公，辞不获，遂荐天员。天员就聘出山，乃五月十日也。蔡公馆之于瑞光寺，与月空同处。月空领杭僧兵十八名，天员领苏僧四十八人，协力征剿；又选蛇山兵十人与月空合为一枝。六月初十日，遣哨六团，有贼百余人，奋力追击，贼惧而逸。复屡战辄胜。凡翁家港所逃，及老营之贼，悉剿灭无遗。计僧所伤亡者四人耳。"

《补续高僧传》卷十八云："明慧定，字无尽，别号南泉，潞安邵氏子。貌奇伟，两眸如电，性倜傥，不喜俗务。诣五台礼文殊，遂发愿饭十万八千僧，千日满愿。茎菜粒米，必亲执其劳，人多服其诚笃。其生来力艺绝人，能兼数十人执作；说话作事，皆喜豪爽；因而人称其为莽会首。诸方丛林，慕名攀留。师曰‘易处不住，住处不易’，往往避走。

“后于旧路岭结茅，聚众行道。时有盗贼蟠聚山半，画地为界，号南北大王沟，虽官兵亦不敢剿捕。至于行旅，瑟缩不前。自从慧定至此，贼众敬畏，然终不悦师居是山。

“一日师出，贼众拥至焚庵，以铲其迹，意藉逐其离境。既归，残僧入，哭陈焚庵状况，并要求迁避。师奋曰：‘这还了得！不行！死生有命，让老僧与他一拚，非除此万民之害不可！’语犹未毕，贼大至。师手无寸铁，乃碎水缸以击贼，无所中。贼知师空手无所恃，团团逼近，一枪中师左肋。师伸手接枪，踢贼仆地刺杀之。贼竟骇退。师入户检视伤处，洞三寸许，脂肠俱出，忍痛缚紧，持枪再出追贼。沿途厉声骂道：‘休走！休走！来试枪！’贼怯不敢前，但拾乱石遥击师，中额颅。

“其时师友龙泉关兵统郑某得报，提兵赶来，而贼已散去。遍山觅师不得。逮晓，见深涧中，僵卧一血人，仔细一看，正是定师。立刻号哭曰：‘天乎！天乎！何竟将此善知识，死于暴徒之手！’舁归，摸胸口，尚有微温，喜曰：‘还好，此乃血迷心窍，尚可救活。’随抉其齿，灌以药酒，久久渐苏。及至调治平复，即辞郑归，奋欲击贼。

“人恐师再受害，力阻之。师曰：‘大丈夫欲御残暴，建立太平，即九死岂敢辞！’因结同志五十二人，俱英奇轻死之辈，诸边将雅熟师名，闻此义举，众齐协力助，假兵器，募粮草，投牒帅府督府，希颁明令，一举灭尽。二府如所要求，并以助一臂之力。

“悍贼百余曹，师因住山日久，关于山贼姓名巢穴，早已探访明白。此番兵力既厚，勇气倍增，于是统领大队，亲自向前指挥，未一周，贼徒一一就擒，巢穴遂空，从此绵亘深邃之畏途，害虫既去，旅商无顾虑之忧矣。

“时师年方二十八，从此安立丛林，供十方云水粥饭。”

这里再举宋朝一个女尼为佛教文化事业断臂的牺牲精神。

“宋法珍，崔氏女，后出家为尼，法名弘道。为刻佛教大藏经故，家资用罄，力不胜，断臂募刻之。经八十九年（公元1231—1322年，始于南宋理宗绍定四年迄元朝武宗至大二年）弘道寂后，其徒继断臂募化，更公孙三世，始毕其事，当时檀越，有破产鬻儿应之者。吾侪丈夫，不能深心荷担大法，镂板流通，反之不若一女子。即生清世，遇佛乘，空手入宝山，岂不愧死！”（陆光祖冯梦祯明刻藏经序）

按弘道所刻者，为宋碛砂板大藏经，始刻于宋，终于元，总六千三百六十二卷，五百九十一函，一千五百三十二部。三十年前，在陕西省开元寺及卧龙寺，发现十分之八。上海影印宋碛砂版藏经会印行，以思溪普宁等本补缺，依原本一函为一册，加总目二册，共五百九十三册。影印五百部，各国图书馆均有订购。

读了天员、慧定、弘道等人的史实，启示了我们先民之伟大作为虽略有不同，而其为国家人民及佛教文化奋斗牺牲殉道之精神则无异。再进一步研究他们的精神，何以兵民与寇敌——倭奴交战，连打三十七阵败仗？何以天员脱下袈裟，离开山寺讲经的法座，与倭奴一交锋，立即转败为胜，而不到三个月，竟把倭奴贼兵剿灭无遗呢？慧定手无寸铁，竟敢与百余悍匪抗衡，受了伤，脂肠俱出，犹能忍痛，以带缚紧伤口，持匪徒之枪奋追杀贼呢？昏死后被救活，伤才愈又辞郑兵统回山击贼，阻之不得。其始曰："这还了得！死生有命，让我和他一拚，非替万人除害不可！"终则慨然曰："大丈夫，欲除残暴，建立太平，即九死岂敢辞！"这是何等的无畏？何等的悲壮？何以兵统与地方官兵不敢与贼一较为民除暴安良，竟一和尚之不若呢？

吾国历史传统观念，一向是重男轻女的。崔法珍当然也不能例外丢掉弱者而成为强者的。可是，何以她跳到佛教圈子里，如鱼归大海，能在佛教中发出那种无比奋斗牺牲的力量来？能行一般人所不能行，忍人之所不能忍，舍人之所不能舍，由于他的精诚感召，竟使许多人为她倾家荡产以赴？这一伟大文化事业，虽牺牲她及若干人的金钱血汗，可惜她没亲眼看到大功告成；幸而她的弟子，继其志愿，断臂募化，而毕竣其大志。这中间必有一种雄厚而神圣不可思议不可侵犯的潜力存在。这潜力是什么？即孟子所谓“至刚至大浩然之气”，“富贵不能淫，贫贱不能移，威武不能屈”，“生亦我所欲，而欲有甚于生者，故不为苟得也。死亦我所恶，所恶有甚于死者，故患有所辟不也”。

孔子所谓：“三军可夺帅也，匹夫不可夺志也。”“志士仁人，无求生以害人，有杀身以成仁。”此乃孔孟传统一贯的根本精神，归纳起来成为“智者不惑，仁者不忧，勇者不惧”的三达德。由于这些传统精神之故，所以在历史上产生了天员、慧定、弘道、诸葛武侯、文天祥、祖逖、段秀实、管宁、张巡、颜杲卿、太史简、董狐、苏武、张良等气节之士，誓死不事异族，不作叛逆，不轻易主，不屈于当政之权威，守历史书法之正义，与作《春秋》之孔子等，莫不拳拳服膺这种传统的伟大精神。而天员等更加上佛教“无我”，“心佛及众生，是三无差别”，“如一众生未成佛，终不于此取泥湖”，“害他即自害，利他即自利”，“我不入地狱”的大雄无畏的奋斗牺牲精神，才能产生法显、玄奘、义净、天员、慧定、弘道等的伟大精神人格伟大的事业来。

佛教哲理似觉过于高深，然佛教并不离开世间而独立的，世间虽有过去未来与现在之三世，三世中唯以现在之阶段最可宝贵，所以道眼明彻的人，只在求得现前或当下合于真理，不论其他现在变迁成为过去，将然的变为未来，若能于每一现在力求合理，则无往而不合理了。佛教认为唯物论者必为机械论，因此，佛教是极力反对唯物机械论和功利主义思想的。如白希纳尔在他的“力与物质”里面说：

“大宇宙与小宇宙之存在于生住灭中，仅服从物质在本身内之机械规律。神经活动乃一变化之电力，活动器管，无非产生热电筋肉劳动及精神劳动之机器。生命乃运动的机械之集合体。”

根据白希纳尔的说法，则我们号称万物之灵的人类不过是架无知觉的行尸走肉的机器，不能不听从必然的命运以旋转了。我们一切亦不能不一任宿命论——定命——的安排而绝对取消自己自由意志的发展了。总之，凡在机械规律中，是绝对不容许有自由意志的存在，当更无所谓“革命”与“意志自由”的。所以新唯物论者没有一个不排斥机械论的。

新唯物论者既然是排斥了旧唯物论的，那么新唯物论者就能够补救旧唯物论的偏差缺点吗？不，罗素说：“构成唯物论之要素，有两信条：一为物质之唯一实在，一为自然律之宰制一切。”旧唯物论者固认物质为唯一的实在，新唯物论者亦一样认物质为唯一的实在，所以说：“存在决定意识。”人类的意识既为存在所决定，纵使循着矛盾法则以发展，实亦无自由之可言，所谓突变，实际上就是隐伏的渐变之突现。大宇宙小宇宙的一切变动，自不能不受自然律的牵制；则新唯物论比之于旧唯物论，不过如自动步枪之比于来复枪，其机械的制造稍为复杂而已，名为自动，实在决不是自动。唯物论不分是新是旧，它决不能跳出庸俗的机械论范围之外的。机械论，必定流于定命论，人生就不应有意志自由和目的，所以在机械论中，实看不出它有奋发有为积极向上的理论根据。

功利主义，即快乐论的一种，它所以称为功利主义的，在英国边沁氏所著《道德及立法原理序论》里说：“自然将人类置于快乐与苦痛二条件之下，对于吾人而指定其当为不当为，即此二条件。”他以产生快乐的行为是善，产生苦痛的行为是恶，求善避恶，也就是避苦求乐为道德，这是以心理上的事实基础而定伦理上的原则的。这种原理，叫作功利原理。但若以求快乐为善为道德的标准，势必导人趋向于纵欲的荒唐途径上去而不知有人与禽兽的差别。所以他又以“最大多数之最大幸福”一标语来建立评价行为的尺度，即能产生最大多数的最大幸福的行为是善——道德是快乐；反此者就是恶——不道德是痛苦。但是这种论调仍然不足以补救功利主义的过失。盖快乐乃个人的情感，决不能分之于别人的。所以此事在我认为乐的而他人或认为为苦；我认以为苦的而他人反以为乐；那么，所谓最大多数的最大幸福或全体的快乐，绝对非个人情感上实际所能得到的快乐了。在这种情形下，功利主义者，非放弃它心理上的基础而从伦理观点上立论，则全体快乐的说法为不可通；否则若不放弃它心理上的基础而欲维持全体快乐的说法，亦为事实上所不许。故英国哲学家拘烈德莱讥笑功利主义者为其心可嘉，其愚不可及。功利主义者所追求的快乐，既没有最大多数的最大幸福之可言，则必为个人感情上的快乐；个人感情上的快乐，必须从个人欲望上的满足而获得，那么功利主义势必成为极端的自利主义不可了。

世人以佛教为消极逃避现实，这是不知道佛教。机械论，功利主义思想，是戕害我们人类奋发进取的生机，努力求真的灵智，充其实亦不过侪人类于禽兽之域而已。佛陀所谓深可怜悯的就是指此。站在佛教的观点，必然破斥唯物的机械论和功利主义思想，匡正一般人对佛教种种的谬见和误解，然后才可以进一步讨论佛教中所谓悲智双运，完成为真理而生为真理而死，将此身心奉尘刹的最高人格。

印度亡国之根本原因

匡正认为佛教为亡国灭种的谬论——我国教育落后，国人能受到高等教育的机会者较少，故国民知识水平较教育普及的欧美各国国民低，因此对一件事情的判断，无论是历史的或现实的，往往是错误百出而不自知其非者。单就上面所举各种极普遍的常识而论，也不应该委之于佛教；但一般人硬把它扯到佛教的身上来，若不加以辨正，非但障碍佛教真理之发扬，信仰之推行，而且违背历史事实，见笑识者。

印度亡国之根本原因与佛教无关；佛教自由平等民主之思想，无常无我慈悲博爱团结之精神足以强国；印度今日之所以获得独立复兴者，乃完全得力于佛教无我奋斗精神有以致之。

佛教的开创，早于基督教六百年，更早于回教一千二百年，其能存在迄今，屹然不被“人其人，火其书，庐其居”所动，而今又由亚洲而普及到欧美各国去了，难道是偶然的吗？佛教的本质，可说是革命性的（凡是宗教，都带有革命性，他否认现实的人生，弃除丑恶而达到真善美圆满的超人境界，这种理想，我说它是不流血的革命），从最高哲学的体验观点上，它否定了宇宙万物的独立性，自有性，不变性；从民主、自由、人权的理性上，它否定了独裁、封建、奴役阶级之统治；从心、佛、众生三无差别的平等理智上，它否定了多神教、一神教、梵天、神我、上帝神权迷信的存在；从缘起无我的证悟上，它否定了生死烦恼的世间法和涅槃菩提的出世法打成两橛的偏差观念。

即就佛教教主释迦牟尼佛而论，他抛弃了尊荣的王位，以一个乞士的身份，倡导一切众生皆有佛性的平等真理，人人皆可以成佛的理论，而与印度几千年传统思想极端主张阶级制度的婆罗门教旧势力相对抗；他又摈弃了印度传统信仰的梵天、主宰，以及多神教、神我等等的存在，破除祭祀万能种种陈腐迷信繁重的仪式，以解脱人类理性的束缚。他这种自由平等博爱的民主思想，是以心、佛、众生三无差别的理性和无常、空、无我普遍而严格的真理为出发点的。这些理论和思想，在每一本大小乘经论里，随处都可以找得出来。《印度民族史》云：

释迦当时所企图者，第一为打破阶级制度，以谋解放首陀罗等非亚利安族，同时并推翻婆罗门僧侣之特权。其各种民族既经平等之后，再行济度众生，俾免其自身私欲之奴隶，此即除社会之恶，然后济度个人使各达安心立命之境。所谓社会之恶，如婆罗门教僧侣所定之各种仪式，实烦琐达于极顶，婚丧喜庆之时间固不待言，即在日常一举一动，殆无不需要宗教仪式。当举行仪式之时，不仅非有婆罗门教僧在场不可，且须多数之金钱以至土地，作为献神之用，此等之财宝为神之代表者，婆罗门僧之收入当不言可知。于是婆罗门僧之经济势力日见膨胀。然另一方面正苦修以求解脱之僧侣，其惨状实非言语所可形容。

由此知道佛教之所以兴起，是由于婆罗门教僧侣之腐化、堕落、贪污、巧取、剥削，及其阶级制度之压迫，使其他非亚利安民族为奴役，不共席，不同行，不通往来。佛陀不忍印度长处于暗无天日之神权迷信之下，故起而革命。这种不流血的民族宗教革命，居然成功，婆罗门教大受打击。佛之修行方法，不拘形式，只是静坐冥思，其冥思之范围为极简单，苦集灭道之四谛或八正道而已，其言行不出五戒十善，以人为本位，否认神祇及祭事。这一来，给社会一种新宗教革命的姿态，人民对此新宗教之要求甚为迫切，故其发展非常迅速，后来影响印度民族之团结力量甚大。根据历史家的研究，亚历山大东征印度之所以失败，完全基于当时佛教鼓吹四姓（婆罗门、刹帝利、毗舍、首陀罗）平等，团结印度人民，采取游击战术，坚强予以反抗的原因。所以印度史上国力最强盛，文物最兴隆的时期，也就是佛教最强盛的时期。

又考佛住世的常随一千二百五十弟子中，为舍利弗、目犍连、迦叶等，皆为当时婆罗门教的领袖人物；而皈依佛陀的波斯匿王、频婆娑罗王、阿阇世王、优填王等十八国王，亦大多数由婆罗门教中转皈依过来。他们对佛陀的人格，教义与其教徒之维护崇奉无所不至，则婆罗门教之没落，当属自然的趋势。佛陀入灭后，阿阇世王、阿育王、迦腻色伽王，对佛典之结集，佛教之传播，人民之安乐，国势之强大，尤为印度历史所罕见，其他如超日王、新日王，乃至戒日王朝等，均莫不崇敬佛教。国家强盛，足证佛教是强国的而绝对不是亡国的。然则印度之亡，岂无因乎？曰：有！考据历史，其原因不出三种：一、亡于回教之侵入；二、亡于英吉利之东印度公司；三、亡于婆罗门教阶级制度之重新抬头。

当十二世纪的末叶，回教侵入印度，佛教早已余辉式微，佛教与婆罗门教的政权转入到回教手中，佛教寺院被焚毁，教徒被逼害，而印度教（婆罗门）的政权，从此没落，同时印度教和回教之教争仇杀纠纷，日增无已。此为印度教本身之政权丧失而国土尚未云亡。迄至十七世纪中叶（公元一六四〇年），英吉利人谋印度，在印组织东印度公司，此为英人未灭亡印度前的侵略拓殖机关。早于英人之前，已有荷兰、葡萄牙、法国，均组有东印度公司，营商业于印度，而英法二国之公司为最擅势力。直到一六九〇年后，英人以兵力制伏法国，遂成了英国独霸的局面。自后其侵略之势焰日益凶猛，至一八三一年公司完全变成行政机关，一八五八年整个印度宣告灭亡，归英国政府管辖，公司方才撤消。

当印度被英人征服之后，全国富源，尽入英人之囊橐，三亿五千万人口中有一亿三千万农民，终年难获一饱。工业工人之工资，有少至每月仅英币一角者！印度未亡之前，各阶层的人民皆能受相当教育，自英人占印后，唯极少数人能读书写字算数。据一九三一年的统计，全印度识字人数为二千八百万，不及总人口十分之一；而最可怪者，统治此四百六十七万五千平方公里土地的英国力量，仅驻军队五万六千名，警察四千名，行政官吏约六百名而已，此究竟是何原因？其能逐渐扩张势力，以至吞灭全印者，皆赖印回两教及印度内部各阶层分化之助。分化之根本原因，实导源于其传统信仰印度教阶级制度之复活及其与回教之斗争。

讲到阶级，世界各国莫不皆有，但从未有如印度教之特色。印度史家称印度在二千五六百年前，其阶级制度之形成，已有一千种之多，直到现在，已有二千余种，阶级中又分层次，宗教中又分宗派，各立门户，不相为谋，于是英人乘机得以操纵之而亡其国。印度阶级之产生，完全由于婆罗门教（现称印度教）迷信于人类之外另有造物主之梵天为根本，当梵天创造人类时，从梵天口生婆罗门，他的职权是执行宗教祈祷仪式及为最高知识的教育的权威者；从梵天的臂上生刹帝利，他的职权是专门行使政治和作战的军事，却要供养奉事婆罗门及受其教育；从梵天的大腿上生毗舍（吠舍），他的职责是经商务农，其他宗教政治不能过问；从梵天的足下生首陀罗，他的职权是上三级人的奴隶，倒马桶，连信教的资格也没有，做着最苦重的事情。直到现在，他们还有很多人都益信这种梵天造人的说法，真是可笑之至。二千多种阶级，九百多种印度教派，皆由此四种阶级而形成。民族之不能团结，党派之过于分歧，足以亡国，诚为印度与吾国国民之殷鉴！

印度之亡，固非佛教，已知之矣，然则佛教何以自亡于印度祖国？足征佛教不能自救其灭亡之命运，遑论强国云乎哉？佛教之不能自存于印度，原因甚为复杂，兹分五点，简略说明：

一、佛国教主入灭一百年间，佛教僧团犹能团结和合一味。二百年至五百年，由两派分成二十派，此即所谓由原始佛教而演变为部派佛教。这期的佛教，在教理和行动上，已经发生了许多地域性的偏差色彩，各拥部主及宗经、律、论以及以护法、文化所形成的区域佛教。这种内部分化，渐给予久压不能伸的婆罗门教徒新生的抬头机会；同时也是佛教发达到了顶点盛极必衰的因果律所决定。佛教僧团渐趋腐化，亦于五百年末叶开始。

二、从佛入灭六百年至一千年间，为大乘佛教思想兴起发展的时期，此一时期，在佛教学理思想上和僧团的组织上，已有许多改变，而大乘和小乘，大乘和大乘，均发生了磨擦的斗争现象，而且裂痕日深，给了婆罗门教徒大大地渗透到佛教僧团中从事破坏工作的机会，将其教理也渗杂到佛教教理中来，或将佛理入其教中；而许多大乘经典也吸收了婆罗门教理的一部分。在这时期，印度一般人民对佛教与婆罗门教是目眩五色，莫知适从，盖其已距离根本原始佛教的革命精神不止十万八千里矣。

三、从佛入灭一千一百年至一千五百年，是密教盛行的时期，这时期的特点，佛教的躯壳完全婆罗门教仪式化，佛教的灵魂久已不复存在。质言之，婆罗门教所有过去被佛教革去的黑暗、弱点、堕落思想和行为，全盘接受过来，佛教原始革命精神抛向九霄云外，寺院变为牛鬼蛇神的魔窟，僧团变为腐化祈祷营业的场所。

四、佛教民主平等的革命精神，原是团结各阶层的强大力量，是腐化的婆罗门教的致命伤，他仇恨、报复、攻击、渗透的存心，是无时无刻未能或忘的，加之五千年婆罗门教传统信仰的潜势力，也并未因佛教之革新而一旦能扫荡廓清得了的。从公元前二四六年至公元一世纪时，婆罗门教徒握政权时，予佛教摧毁不遗余力，正与我国道教徒政权在手时，所造成“三武一宗”之法难，命运如出一辙。

五、回教侵入，将遗留下微弱之表皮佛教寺院和残兵败将之无能僧侣，一扫而光，正如狂风之卷残云。产生于印度一千余年的佛教生命，于是正式宣告寿终正寝。物必先腐而后虫生，佛教之不自振，失去其原有的革命奋斗为民的精神，大小乘派系的内争，团体散漫而趋于腐化，此乃佛教自趋于灭亡的内在的主因；婆罗门教的仇视、破坏、打击，失去了人民信仰归依和护持，此乃佛教灭亡的外在的助缘。

印度亡国与佛教无关，佛教亡于印度，咎由自取；然则何以说：“印度今日之所以获得独立复兴者，乃完全得力于佛教‘无我’奋斗精神有以致之耶？”不能游泳者，绝不能入海以救沉溺；佛教既不能自救，何以能救印度于独立复兴之地？曰：佛教亡于印度者躯壳也，佛教平等、慈悲、无我之思想，忍辱奋斗之精神存于印度民族文化中及婆罗门教理中者灵魂也。《印度新志》有云：“印度教在其自由发展中，已融合佛教在内，故佛教存在于整个之现代印度教人中。”尼赫鲁亦云：“佛教产生于印度教，亦还灭亡于印度教。”本此，佛教之亡只亡其名，而其本质——精神——并未尝灭亡也。印度之父（公元一九四七年八月十五，印度独立日，尼赫鲁在政府庆祝独立时广播中尊甘地为国父）圣雄甘地，独得佛教忍辱、平等、慈悲、无我之精神，印度今日能从统治将五世纪之英帝国手中独立解放出来，完全得力于甘地毕生之奋斗精神。

甘地努力于反抗英国，谋取印度之独立自由运动凡五十年，赴汤蹈火，不屈不挠，其可歌可泣之苦行伟大精神，诚足以动天地而感鬼神。吾人所居之地球，自有人类以来，除佛教教主释迦牟尼佛以外，更无第二人可与比者，有则即为此二十世纪印度之父圣雄甘地也。

甘地一生所努力奋斗运动者唯三事：一、为求印度之独立；二、为打破印度文化遗毒之阶级制度；三、为使印度人民和平团结。为欲达到此三大目的，必须与三大敌人奋斗到底；一、为贪得无厌之英帝国的统治者；二、为恶见恶行压迫非亚利安民印度教阶级制度；三、为九世纪来互相仇杀之印度教徒和回教徒。甘地只战胜达到第一项目的，卒使英国于一九四七年八月十三日放弃其统治，使印度获得独立自由。然其不能战胜第二不平等之阶级制度及第三者印回教徒互相仇杀之大悲剧。

而且死于制止两教仇杀和平运动时印度教暴徒之手。

甘地为反抗英国，谋取印度独立自由运动之手段，是采取不流血革命，不合作主义，在五十年中，被英帝国捕禁监狱计十余次，共计十二年之久，第三次，一九二一年，印度孟买暴动，违背甘地非武力运动不合作主义，英政府以其为民族领袖，加以拘捕，监禁六年。此为监禁时间最长者。甘地为反抗印回教徒互相仇杀运动之手段是绝食。一九二四年九月，实行震动全世界之大绝食，以此感化印回两教徒宗教仇恨之斗争，此后为抵抗英帝国及印回两教仇杀之事，举行绝食，竟达十五次之多，有时亲自到屠杀之区，安慰被害之回教徒，劝告印度教中之锡克教徒，其牺牲奋斗慈悲之精神伟大有如此者。

甘地原为印度教中之毗奴天派之信徒，但绝无派别之观念，认印回教皆为一家，名此“印回一家运动”为和平运动。他为打破五千年来印度文化遗毒之阶级制度，发行“不可接触阶级”刊物，为印度销行最广之杂志，并用多种文字同时发行。其宗旨乃推行甘地平等主义，有人说他此种思想和行动，完全出于佛教者，故称其为释迦第二，印度历史文明之最大遗毒，最大污点和弱点实为阶级制度，在五千年来印度史上除佛教教主释迦牟尼佛先已实行打破阶级制度，以无我平等大悲待遇各民族外，其后二千五百年来不再见有第二人，有则即为圣雄甘地耳。甘地为法律家、文学家、哲学家、宗教家、民族革命家、民主政治家，其一切救国救民之慈悲平等无我之牺牲奋斗精神，完全得力于佛教者。印度之独立得力于甘地，甘地之和平奋斗精神得力于佛教，故印度今日之所以获得独立复兴者，乃完全得力于佛教无我奋斗精神有以致之者，此也。

现在总结一句：印度佛教的兴起，是从婆罗门教而兴起，印度佛教的灭亡，亦是从婆门教而灭亡。此乃印度宗教哲学文化史上事实是如此。印度之亡国，若从印度婆罗门教徒统治的政权而说，则印度的亡国，已早于公元十二世纪时的回教徒之侵略。由十二世纪以后，执掌印度政权的是回教徒，非婆罗门教徒，更非是佛教徒。英帝国之亡印度从十七世纪开始，至十九世纪初叶而统一了全印度。英人所摧毁印人之政权是回教徒的政权，而非婆罗门教的政权，也更非佛教徒的政权，因这时的印度婆罗门教的文化和佛教政权，已灭亡了六七百年之久。

印度教徒（婆罗门教）何以受攻于回教而遭亡国者？一言以蔽之曰：失去佛教无我平等救世之精神，而一味迷信传统之阶级制度与仰赖于神权故也。吾人谈印度与佛教兴亡者，应该知此一历史演变之事实也。

梁武帝亡国与信佛无关

或者曰：印度之亡与佛教无涉，印度之复兴乃得力于佛教奋斗无畏之精神有以致之，固已知之矣。我国梁武帝，屈儒弃道而崇佛；且三舍身为佛奴，受菩萨戒，建寺度僧，广修功德。虔诚奉佛如梁武帝，于历代崇奉佛教之帝皇中，恐无有出其右者；奈何而佛无灵之祚祐其国，竟遭覆亡，且其自身饿死于台城。足征佛之不可信，信亦无裨于国事民生者也！此历史事实具在，师纵具雄辩，其将何以解千古之惑而释群众之疑耶？

释道安曰：子言谬矣！古今无不亡之国，世界无不死之人。岂古今中外亡国者，皆因信佛然耶？子何不思乃耳！子之所言，毋乃勇于武断！虽然，茫茫人海，谁为智者？扰扰尘寰，孰是通人？振聋启聩，解惑释疑，莫逾于辩。吾岂好辩哉，实不得已耳！

人之体魄强弱，生命夭寿，事业成败，莫不有其所以强弱、夭寿、成败之必然原因所在；一个国家之兴亡治乱，亦莫不具有极其复杂之因果关系者。若唯凭主观单纯之直觉，不加精密之研究，透辟之推理，而遽然即加以肯定的批判；则不自甘陷于浅肤无知，必陷之于狂妄孤陋寡闻；然世之狂妄无知者，比比皆是，故千古真正是非之辩，仿佛郑人之分鹿。兹为剖视梁武帝亡国之根本原因，分成三点检讨：一、政治之成败；二、奉佛之得失；三、客观之批判。政治之成败分二：成就方面；失败方面。

政治之成败

成就方面

梁武帝是怎样取得政治领导权的　国史上有所谓南北朝者，即东晋后之宋、齐、梁、陈四朝。此四朝人地均据南方之建康（南京市），史家称为南朝。南朝起于公元四二〇年至五八九年。与南朝所对称者为北魏（东魏、西魏），北齐、北周，因北魏等朝的人地均据于北方，史家称之为北朝。北朝起自公元三八六年至五八一年。梁武帝就是南朝中梁朝的开辟者。

梁武帝究竟是怎样取得了齐国政治领导权的？他是不是齐国皇帝的子孙呢？梁武帝本姓萧，名衍，字叔达，原与齐国皇帝萧宝卷是同族的；而且是汉高祖建国时论功第一萧何丞相第二十四世的孙子。他仕于齐，已做到雍州刺史，镇襄阳，都督军事，权位极高了。因宝卷杀了他的兄长萧懿，他乃借端兴兵，一直打到建康。当他到了建康，宝卷已被王国珍所杀。衍便迎立宝卷之弟宝融即位，是为和帝。和帝既受了衍的拥戴之恩而做了齐国的皇帝，于是拜衍为大司马，都督中外军事，位相国，总百揆，扬州牧，封十郡，为梁公；齐中兴二年（公元五〇二年）二月，诏梁公进爵为王，和帝对他不为不厚。可是，得陇望蜀，乃人类“俱生——我执”——先天私我之本能，亦为权利境界爱，贪欲心理所必然者。衍之至此，可谓贵极位禄，权倾国都。然他总觉得不甘于一人之下，横直一切由他，何必自陷自屈？于是他那传统的英雄思想，封建皇帝的意识形态，趁此机会一齐发作起来，真是水到渠成，不费吹灰之力，率性把由他一手创立的傀儡和帝废掉，改齐为梁，痛快地做起皇帝来，岂不更好吗？

衍本“英达有文学”，识史书的通人，岂有不知孔子作《春秋》，乱臣贼子惧，以臣弑君的舆论制裁吗？所以他初用假仁假义的诈术，立宝融为和帝，欲掩天下人的耳目而已。衍篡谋的实际经过情形，史书是这样写的：“衍，内有受禅之志。沈约进曰：‘齐祚已终，明公当承其运，虽欲谦光，亦不可得已。’衍曰：‘吾方思之！’约曰：‘公初建牙樊、沔，此时应思；今王业已成，何所复思？’衍然之。”

衍，内有受禅之志，可见篡位野心，早已暴露出来，还假装吾方思之。《南史》称："历仕三代，该悉旧章，博物洽闻，当时取则；然自负高才，昧于荣利，乘时取势，颇累清谈；及居清谈，及居端拨，每进一官，辄殷勤请退，而终不能去。用事十余年，未尝有所荐达！政之得失，唯唯而已。"毫无用处的沈约，却聪明起来，看透了衍篡位的野心；而事实上，齐国所有一切军政大权都操于衍之掌握中。于是他用谋士的姿态，怂恿阿谀的词令，勇敢的劝衍篡位。初则曰："齐祚已终，明公当承其运，虽欲谦光，亦不可得已！"次则曰："公初建牙樊、沔，此时应思，今王业已成，何所复思？"何不劝衍以功臣兴齐朝，以振大汉之声华，而偏扇动其侵略野心之勃起，是何用心？

"四月，梁王衍称皇帝，废齐王（和帝被降为巴陵王，故史此处称齐王）为巴陵王，迁太后于别宫，封拜其功臣有差，遂弑巴陵王于姑孰，齐御史中丞颜见远死之。"史自释云："梁主欲以南海郡为巴陵国，徙王居之，沈约曰：'不可！慕虚名而受实祸。'梁主乃使所亲郑伯禽诣姑孰，以生金进王。王曰：'我死不需金，醇醪足矣！'乃饮沉醉，伯禽就折杀之！御史中丞颜见远，不饮，数日而卒。梁主闻之曰：'我自应天从人，何预天下士大夫事？而颜见远乃至于此。'"

萧衍一假再假，欲以和帝为巴陵王，以南海郡为巴陵国，徙他居之，以为如此，可不使齐绝宗嗣，且能掩天下后世人之耳目，经沈约一说“不可！慕虚名而受实祸”时，全无自主之能，又叫亲信郑伯禽杀之。颜见远绝食自杀而死，还厚起面皮假装汤放桀，武伐纣的圣贤自居说：“我自应天从人，何预天下士大夫事？而颜见远乃至于此！”的一类掩耳盗铃欺人的废话。好了，齐王也杀了，而他的孤臣孽子也自杀了，齐朝一切后患，业经斩草绝根，可以安稳做皇帝。梁武帝的政治权位就是这样不仁不义而得来的。

梁武帝所施的仁政　梁武帝于公元四六四年生，为皇时（公元五〇二年）才三十八岁，正是血气方刚大有作为的时候；而且是个书家子弟，较之宝卷、宝融二人，当然长得多了。他想大大地所作为，为国家人民做一番事业，所以他即位以后，大修文教，广行仁政。在史家笔尖之下，给他写下光荣之一页。

欲治理国家大事，而且要想治理得更好的话，唯一的先决条件莫过于选贤任能；欲为民众服务，其急要莫过于先求民隐，雪伸民冤。所以梁武帝即位后，次第举办了几件很重要的仁政。这些仁政，不仅在一千五百年前是难能可贵的，就是在二十世纪今日的民主国家社会里，也有向他学习之必要。他的仁政分五点略述于下：

一、设谤木肺石函博——言——“梁主诏公交车府设谤木肺石，各置一函；若食肉者莫言（食肉者，即有禄位的官，不为言之于上也），欲有横议，设谤木函；若有功劳才器，沉冤莫达者，投肺石函。”谤木亦名诽谤木或华表，尧、舜之世，设谏鼓、谤木于朝廷，所以明目达聪，博采群言，尽极下情上达于政府之意。换言之，即皇帝准许民众告密，或采纳民意直接对政府和官员不满的指陈。肺石，出《周礼》，以肺石达穷民。这两种仿佛于现在之意见箱和告密箱。这种作风，到了汉代就废除了，现在梁武帝又重新设立起来，只要不是惊名失实的话，大开言路，人民与政治是有益而无害的。可惜不能持之以恒，如能始终如一，实践所言，则其国必不亡之于本身。

二、以子四为——丙辰（公元五三六年）四月，梁以江子四为右丞，子四上封事。梁主诏曰：“古人有言：屋漏在上，知之在下，朕有过失，不能自觉，子四所言，尚书时加检括，速以启闻。”他做了三十多年皇帝。仍在不断的检点自己过失，比现在做上帝儿子唯我独尊者，相隔何止天壤！

三、关怀——“冯翊吉翂父，为原乡令，为奸盗所诬，逮系廷尉狱罪当死。翂年十五，挝登闻鼓，乞代父命。梁主以其幼，疑人教之，使廷尉卿蔡法度讯之。翂曰：‘囚虽愚幼，岂不知死之可惮，顾不忍父极刑，故求代，此非细故，奈何受人教耶？'法度乃更和颜诱之，终无异辞。法度以闻，上（梁武帝）乃宥其父罪。"这里可谓仁慈恩孝之至。此事虽小，亦足见其关心民瘼之一斑。

四、疏简——"梁王敦尚文雅，疏简刑法，自公卿大臣，咸不以鞫狱为意！"这未免滥于法度。

五、祭宗庙废除牲口，改良——"丁酉（公元五一七年）四月，梁诏以宗庙用牲牢，有累冥道，宜皆以面为之。于是朝野喧哗！以宗庙去牲，而荐之以蔬果面食，乃是不复血食。士大夫反对无效，梁主竟不从。"这在一般固执腐儒们，在史书上对梁武帝此举，乃大加异议，什么仁不仁辨在义利之间啦，武帝以不爱及其所爱啦。这不但实践了孔子亲亲而仁民，仁民而爱物的仁慈博爱的宗旨，而且比见牛未见羊也的梁惠王还来得干脆而彻底得多。孟子谓："君子之于禽兽也，见其生不忍见其死，闻其声不忍食其肉，是以君子远庖厨也。"这种仁者，物我浑然一体之旨，梁武帝得之而又行之矣，而行儒排佛者曰：不可！溺于佛氏之说，求来世福报，是诚何心哉？

梁武帝对于教育文化之贡献 一、定正——梁武帝即位八月，即诏"定正雅乐"。

二、置五经博士，立州——即位第四乙酉（公元五〇五年）年正月，"梁置五经，立州郡学""梁主雅好儒术，以东晋、宋、齐，虽置国学，而无讲授之实，乃下诏曰：'二汉登贤，莫非经术，服膺雅道，名立行成；魏、晋浮荡，儒教沦歇，风节罔树。抑此之由，其置五经博士，广开馆宇，招纳后进，给其饩廪；其射策通明者，即除为吏。'又选学生，往云门山，从何胤（何尚之之子）受业。命胤选经明行修者以闻；分遣博士祭酒巡州郡立学。"梁武帝崇兴教育，于此可见一斑，若与他同时的魏世宗皇帝比，真不可以道里计了。兹录纲鉴文，以资对照："时，魏主专尚释氏（佛教）不事经术。中书侍郎裴延上疏曰：'汉光武、魏武帝，虽在戎马之间，未尝废书。先帝迁都行师，手不释卷！良以学问多益，不可暂辍故也。陛下亲讲大觉（佛经），尘蔽俱开；然五经治世之模楷，应物之所先，伏愿互览兼存，则内外（内即佛学，外即儒学）俱周矣。'弗听！"

三、立孔子庙——五月，梁初立孔子庙。初立，前代未有者。于此，足见梁武帝之尊孔崇儒了。

四、事衣冠礼乐为士大夫——魏朝高欢傍观说："萧衍专事衣冠礼乐，中原士大夫望之，以为正朔所在；我若不相假借，……士子悉奔萧衍，人物流散，何以为国？"梁朝文风礼乐之盛，不但梁前之齐朝所未有，即与梁朝对峙之魏国，亦望尘莫及了。

失败方面

上面已将梁武帝对于——仁政、教育、文——稍有成就方面说了一个大概，现在要讲到他在政治失败以至亡国方面来了。

我尝想：无论是怎样的一个团体，小而家庭、工厂、商会，大而一个国家的政府，它的成功和失败，兴衰或存亡，其责任全视其领袖及其团体中之中坚份子忠诚、贤——团结与否以为断。其领袖若贤而能，复善于领导，利用其中坚忠诚之智囊团，其成功必无疑；若其领袖缺乏领导之能而有用之明贤，知自之短，取彼之长，选贤任能，如清之末叶，善用曾国藩者，其亦必成功无疑；若领袖无能自以为万能，强不知以为知，又无知人善用之明，而其所弃所恶者都是贤能忠诚之士，所取所用者均属庸奴奸细阿谀之辈，刚愎自用，一味独裁而无独裁之能，像这样的人来作领袖，以领导团体或全国政治，那必然是非归于失败不可的。我以为为领袖者，只要具备知人善用，襟怀阔大就够了。能知人善用，必忘私蔽；忘私蔽，其所行所为必大公无我；大公无我，则必然会实践选贤任能，必不用阿谀庸奴奸细之小人；能选贤任能，则其团体或国家必定会强盛。能襟怀阔大，始可以容纳异己之贤能；凡是贤能之士，其见识、思想、性严、骈气，必卓越高人一等，而其所思所行必优异于众及我者，其意见洞达事理或与我有相左者；高左之士，非有阔大之襟怀而不能容纳；不能襟纳高左之人才，怎能置国家于强盛之域？

梁武帝，襟怀似乎阔大，而独裁寡断，乏知人善用之明。所以奸细忠贞而不辨，赏罚而不明，不克虚心下士，以纳忠贞谢主、博歧等劝谏，杜弼等国际舆论，而专听信奴才朱异之言，误用正德奸细贪污无能之辈；又迷信于梦，轻纳东魏叛臣侯景；拘小忘大，昧于民情；对于当时国际情势，亦多漠不关心加以研究和了解。此其所以失败而至于亡国者。兹略加剖析其失败亡国之原因于后：

无知人之明、轻纳侯景 梁武帝的政治怎样会失败？国是怎样亡的？听信朱异，轻纳侯景，是其亡国必然的原因；而政治之腐化，侯王之不忠，奸细当权，不纳忠谏，骄奢淫逸，白昼杀人而视若无睹，听若不闻，谏者反被切责，讳疾忌医，凡此种种，是其亡国之根本原因。

一、侯景其人。侯景，字万景，朔方（今黄河以南鄂尔多斯后旗境）人，右足偏短，弓马非其所长，有膂力而多谋算。初为戍兵，后魏（即东魏）时，从尔朱荣，荣用他为定州刺史。后高欢为魏丞相，讨尔朱氏，侯景复以众投降于高欢（第一叛）。魏诸将高敖曹、彭乐等，皆勇冠一时，景常轻之。常言于高欢前曰："愿得兵三万，横行天下；要须济江，缚取萧衍——梁武帝——老公，以为太平寺主。"高欢使兵三万，为司徒行台，专制于河南。景素轻高欢世子高澄，尝曰："高王欢在，吾不敢有异，王没，谐不能与鲜卑小儿高澄共事矣。"高欢病笃，召景，景虑被祸，不敢赴，同其行台郎王伟计拥兵自固，及欢卒，遂以河南降北魏（第二次叛变）；而北魏以侯景为太傅大行台。此乃丁卯（公元五四七年）事也。二月，侯景复以河南叛附于梁（第三次叛变），梁更封景为河南王。其时景为东魏高澄部下绍宗所败，不能自存，梁遣兵援之。次年（公元五四八年），旋举兵反梁（第四次叛乱），围建康，陷台城，武帝被逼饿死，侯景自立为汉帝。己丑（公元五六九年），景为其都督羊侃之子鹍所杀（鹍，景小妻之弟），——江陵，暴尸于市，市民争取食之，并骨皆尽。其行台郎王伟等，亦为湘东王萧绎诛之于市。其结果竟如此！

二、高欢论侯景。东魏大丞渤海王高欢论侯景，谓其世子澄曰："侯景专制河南十四年矣，常有飞扬跋扈之志，顾我能畜养，非汝所能驾御也。堪敌侯景者，唯有慕容绍宗，我故不贵之，留以遗汝……。"高欢真有知人之明。戊辰梁太清二年（公元五四八年），败初叛之侯景者，果为绍宗。《北史》载："绍宗讨侯景于涡阳，时景军甚盛，初闻韩规、高岳往，俱轻之；及闻绍宗至，拍案曰：‘谁教鲜卑小儿解遣绍宗来？若然，高王未死耶！’及与景战，绍宗麾兵径进，诸将从之，大捷。”当绍宗兵追及侯景时，侯景慌惧甚，忽生计，使人谓绍宗曰：“景若就擒，公复何用？”绍宗乃纵之。由此，知侯景并非了不起之将才，同时亦知绍宗并非忠心于高澄灭叛贼也。

梁武帝轻纳侯景的两种因素　丁卯（公元五四七年）梁太清元年，先是正月乙卯，梁武帝梦中原牧守，皆以地来降，旦见朱异，告之。异曰：“此宇内混壹之兆也。”及侯景遣丁和来上表：“言臣与高澄有隙，请举十三州内附。”丁和称景定计，实以正月乙卯，梁武帝愈神之，召群臣廷议。仆射谢主等曰：“顷岁与魏通和，边境无事；今纳其叛臣，窃谓非宜！”武帝不以为然，他说：“得景，则塞北可清，机会难得！”然意犹未决。尝独言：“我国如金瓯，无一伤缺，会受景降，讵是事宜？”成事不足败事有余之朱异揣知武帝意，劝纳之，于是才决意纳景。这样纳景，一是梦得神奇；一是朱异劝他。武帝无谋略，乏深思远虑之计，头脑简单，且无判断力，故不纳谢主之言而听朱异一面阿谀之词。又不察侯景已三叛其故主，岂有能屡叛其故主，而独不能叛我耶？何况国家大计而不以理智断定其可否，而神奇凭于一梦？如此无能又无知人之明的梁武帝，居然做了四十八年太平皇帝，宁非奇事！

师出无名，屡失睦于邻邦 当侯景叛附于梁，东魏尚未及声讨；而梁武帝下诏，反大举兵以伐东魏；若果东魏先梁出兵，讨侯攻梁，而梁迫于抗战，则梁师出有因；今侯景背叛东魏，挈十二州之地以附于梁，在彼失其国土，所当致讨而未讨；在梁纳东魏之臣而得其地，而反兴兵往伐之，师出何名？天理安在？当武帝以鄱阳王范为元帅伐魏，朱异曰："鄱阳王雄豪盖界，得人死力，然所至残暴，非吊民之材。且陛下昔登北顾亭，谓'江右有反气'，骨肉戎首，今宜详择。"梁主乃以理会，与贞阳侯渊明，分督诸将。又听朱异言，舍能将而用庸奴，后渊明为绍宗等所俘掳。屡议屡败，而屡用其言，昏君亦何至于此极？

昧于国际舆论，毫无外交能力和手腕 东魏高澄之军司杜弼，为澄作檄文移梁朝云："侯景，自生猜贰，远托关陇，依凭奸伪，逆主定君臣之分，伪相结兄弟之亲，岂曰无恩，终成难养！今乃授之以利器，诲之以慢藏，使其势得容奸，时堪乘便；则必自据淮南，亦欲称帝；但恐楚国亡猿，祸延林木；城门失火，殃及池鱼。"当侯景叛变，为东魏绍宗所败时，恐梁乘机消灭之，故自请求贬削；武帝以景兵新破，未忍（慈悲多祸害）移易，即以景为南豫州牧。萧介上表谏曰："窃闻凶人之性，不移天下之恶，一也。侯景以凶狡之才，荷高欢卵翼之遇，欢坟土未干，即还反噬；逃死关西，宇父不容，故复投身于我。弃乡国如脱屣，背君亲如遗芥，岂知远慕圣德，为江淮之纯臣乎？”武帝不能纳，良可浩叹！此时或削景权，或纳忠谏，或以政治外交手腕，缓和睦邻，则断不至如杜弼之预料也，正所谓当局者迷，旁观者清欤！

不纳傅岐之谏，许东魏通好，外交一再失败，果中离间之计 侯景叛变东魏次年的二月，东魏大将军高澄，利用外交手腕，遣使持书向梁复求通好。武帝召集朝臣讨论一番，朱异一派主张“静寇息民，和实为便”的和好政策；而司农傅岐却独持意见：“高澄何事须和？必是设间（设计离间，使侯景对梁生嫌而促其早叛），欲令侯景自疑，图祸乱耳；若许通好，必堕其计！”朱异固执主和，武帝昧于大局，厌于用兵，乃从朱言。果然加速侯景之叛乱。

侯景求娶不得，成怒——侯景尝请求武帝介绍，欲娶当时望族王谢之家。武帝以王谢门风高峻，不可攀，不为介绍，叫他于朱张以下访求之。侯景怀恨已极，反谋益甚。

正德为内引——武帝养子临贺王正德，屡以贪暴得罪，亦久蓄叛意，惜无机会；但阴地畜养死士，幸国家有变，便乘机造反。侯景久知正德意，特遣徐思王密笺说："今天子年尊，奸臣乱国，大王属当储贰，中被废黜，景虽不敏，实思自效。"正德中其计，乃大喜曰："事机在速，今其时矣。"于是助景反于寿阳，引兵临江。武帝问策于尚书羊侃，侃请以二千人急据采石；令邵陵王袭取寿阳，则乌合之众，自然瓦解。而朱异曰："景必无渡江之志。"遂寝其议。侃曰："今兹败矣！"昏君武帝又用其养子临贺王正德都督诸军事，屯兵丹阳郡。正德遣大船数十艘，诈称载荻，其实是秘密接济侯景。景得正德之助，自横江至于采石。另有马数百匹，兵八千至慈湖。这时，梁朝过了四十七年的升平日子，境内无事，公卿、闾里士大夫，罕见兵甲。一旦贼乱猝迫，公私骇震莫名。武帝命宣城王大器及羊侃，督军抵御侯景叛军，另一方面派遣舍人贺季去慰劳侯景。贺季对侯景说："此举何名？"景答："欲为帝耳。"正德守宣阳门，帅众于张侯桥，迎接侯景入宣阳门，真是开门揖盗。——建康京城，景以正德称帝。正德不一年，又为侯景所缢杀。武帝诸王，成仁者少，投降者多。

景陷台城，入见武帝不敢仰视，武帝于净居殿绝食而终　武帝退据台城，景再百道攻台城，昼夜不息，围攻了五个月之久，台城终被攻陷了。武帝闻城已被攻陷，安卧不动。叹曰："自我得之，自我失之，亦复何恨？"这竟正是太清三年（公元五四九年）五月。侯景入见武帝于太极东堂，并带卫队五百以自护，武帝神色不变。侯景稽颡殿下，不敢仰视，汗流被面！退而谓王僧贵曰：“吾尝跨鞍对阵，矢刃交下，而意气安绥，了无怖心；今见萧公，使人自慑，岂非天威难犯？吾不可以再见之！”侯景入见原意是以杀害武帝为目的，但一见面，连头也不敢抬，汗流浃背而至于面，足征做贼心虚，邪奸之臣，难入正位，故其被杀后，几根叛骨头也被民众吃尽，其结果何如！当台城被围，公卿困乏，景众亦饥。武帝久已蔬食，至此，蔬食亦都绝了，——鸡子蛋，郡陵王纶，乃因便上鸡子数百枚。侯景入见的当日夜间，武帝所求多不遂意，饮食亦为侯景所裁节，武帝忧愤成疾，五月丙辰这一天，武帝卧于净居殿，口苦，索蜜不能得，再曰“荷荷”，遂崩，时年八十六岁。四十八年的皇帝梦，至此告一段落。

讳疾忌医　梁朝外侮虽无，而社会风俗之日趋于奢靡，生活淫乐，于是贪官污吏，充斥于每一角落，致民不聊生，其内部腐化如此，故侯景一乱，士民与军队全无抵抗之力。此举散骑常侍贺琛，上书启陈四事，就知道当时政治之贪污，民众之痛苦情形了。贺琛之启陈四事：

一、民不堪命，各务流移，牧守之过。

二、守宰贪残，由风俗侈靡，诚宜禁制节俭。

三、斗筲之人，诡竞求进，不论国之大体，唯务吹毛求疵。

四、天下无事，犹不暇给，诚宜省事息费，养民聚财。

武帝恶其触实，故大怒，诏诰切责贺琛不当，这与当日设“谤木肺石”之意旨，岂非完全相矛盾？又《纲鉴》云：“然假士人太过，牧守多侵渔百姓，使者干扰郡县；又好亲任小人，颇伤苛察；多造塔庙，公私费损。江南久安，风俗奢靡，故琛奏及之。梁主恶其触实，故怒。”

身为一国元首，好亲任小——牧守——方官多侵渔百姓，京官出京视察，又要行贿使者干扰郡县。这些上下交竞利，纵无侯景之乱，其国亡为日亦必不远矣。再看：“梁主敦尚文雅，疏简刑法。自公卿大臣，咸不鞫狱为意；又专精佛戒，每断重罪，则终日不怿；或谋反逆，事觉亦释而宥之。由是王侯益横，或白昼杀人于都街，或昼夜公行剽掠，有罪亡命者，匿于主家，有司不敢搜捕！上深知其弊，而溺于慈爱，不能禁也。”

凡是公卿大臣，纵然犯了国法，不能与民众同罪，甚至审判鞫狱之权也一齐不用，无怪有权的白昼杀人、剽掠、抢劫，包庇坏人，有司也不敢去捕捉他们。谋反政府之事，亦泣而宥之，这还成其为国家吗？简直是个横行无政府状态的土匪世界了。“上深知其弊，而溺于慈爱，不能禁也。”贺琛之启陈，梁主恶其触实，故怒！诏诰责之，这不是讳疾忌医的明证吗？其国不待侯景之亡，实早已亡之矣。

行为矛盾　梁武帝，一方面设谤木肺石函，以求民隐；一方面不听忠言，讳疾忌医；一方面溺于慈爱，杀人、越货造反者亦不加究办；但在另一方面，却征战不已。下面略举一二，见其矛盾之一斑。

一、丙戌·天监五年（公元五〇六年），梁使韦睿攻小岘，……拔其城，遂至合肥。

二、丁亥·天监六年（公元五〇七年），梁将军曹景宗，豫州刺史韦睿，大败魏师于钟离。……魏中山王英，与将军杨大眼等，众数十万，攻钟离……梁主命韦睿救钟离……旬日，至邵阳，……因以火攻败之。英脱身走，大眼亦焚营去。缘淮百余里，尸相枕藉，生擒五万人，资粮器械山积。

三、己丑·天监八年（公元五〇九年），魏主遣董绍，慰劳叛城。梁主召见之，遣还。且曰：“战争多年，民物涂炭，吾是以不耻先言！卿宜备申此意。夫天立君以为民也，凡在民上，岂可不思此乎？”绍还魏言之，魏主不从。

四、丙午·梁大通五年（公元五二六年），梁侵魏，取寿阳。此次更惨绝人性，“梁主乘淮堰水盛，遣夏侯亶等侵魏。魏李宪，以寿阳降。梁陈庆之入据其城，凡降城五十二，获男女七万五千”。梁武帝三筑淮堰，至此已是十年之久，因水堰坏，淹死人众近百万之多，今又乘水漂之患而取寿阳，才得七万多人，其愚毒可知。真所谓视民命如草芥之不若。

五、丁未·梁大通六年（公元五二七年）十月，梁将湛僧智，寿侯夔，围魏广陵，克之。

六、丁卯·梁太清元年（公元五四七年），梁主下诏，大举伐东魏。此外，如萧渊藻私杀益州刺史邓元启，经告发，但降为冠军将军，如此忠奸不辨，赏罚不明，何以服人心？如果是信佛而溺慈爱的话，那又何苦发动侵略，而杀人盈城尸横遍野？这难道不是他行为矛盾的又一明证吗？

梁武帝信佛之得失

梁武帝舍道崇佛热情之一幕

梁武帝的梦的诱惑　人非大觉，焉晓大梦。佛号大觉，其余菩萨、罗汉、圣贤天人等，皆处于醉生梦死之轮回中，号人生如戏、如梦，又有何不可？庄子《齐物论》说："觉，而后知其梦也；且有大觉，而后知此其大梦也。"成玄英疏云："夫扰扰生民，芸芸群品，驰骛有为之境，昏迷大梦之中，唯有体道圣人，朗然独觉，知夫患虑在怀者，皆未寤也。"然则谁无患虑在怀？烈士殉名，小人殉利，故患虑也；为智仁勇之三达德而奔忙者，恐功德言三不朽而虑不能成者，又何尝能达到忘患虑在怀之放心功夫也。何况人之生也而不知何所从来，是为醉生；人之死也而不知死又何往，是为梦死。故至人以生死为大梦，超生死为大觉，然则谁又能超生死以达于无生之大觉境地也哉？观《南柯太守传》，庐生之黄粱梦，庄周之梦为蝴蝶等，又皆类梁武帝之迷梦未寤者也。

当梁武帝之梦中原牧守，皆以地来降。旦见朱异告之，异曰："此宇内混壹之兆也。"及景遣丁和来上表，"请举十三州内附……梁主愈神之"，因迷信此一梦而纳叛臣以招至亡国。当武帝之入佛舍道教也，亦为梦所诱引。天监元年（公元五〇二年）帝梦释迦檀像入国（天竺优填王所造之旃檀佛像），乃遣郝骞、谢文华等八十人到西竺印度求之。天监十年（公元五一一年），像至，率百僚迎入太极殿，建斋度人，大赦断杀，凡弓刀，并作莲花塔形。弓刀原为卫国以惩不法者，岂易以莲华塔形，即不诛奸抗敌乎？何况一梦耳，即遣八十余人去求佛像，岂不知凡所有相，皆是虚妄；若见诸相非相，即见如来之理？何不将此八十人十年之资用以济孤苦无告者，以符佛慈悲之德也。不济其本，专务其末，颠倒孰有甚于此者！

于陀利国，遣使入贡云："其王梦异僧曰：东——圣王暗——武帝出，十年之后，佛法大兴。"武帝已梦，于陀利国王又梦，何桴鼓相应如此其奇耶？这更使他对佛教产生热烈的信仰。

天监二年（公元五〇三年）帝尝梦神僧曰："六道四生，受苦无量，何不作水陆大斋，普济群灵？"帝乃披览藏经，创制仪文，三年乃成。天监四年（公元五〇五年）二月十五日遂于金山寺修供，命沙门僧佑宣文，大彰感验。又梁武帝初为雍州刺史时，夫人郗氏，性残妒，亡，化为巨蟒，通梦求其拔救之说，于是造慈悲忏法十卷，今之梁皇忏，为佛门经忏之开始。此不但无益于国计民生；且成为千百年来专门超荐死亡的鬼，或死人的经忏佛教之始作俑者，遗毒佛教于无穷！国人称今日中国佛教之在社会唯一的表现是超荐死亡丧事的一面，对于婚礼，及政府大庆典，如总统就任等，皆不须佛教；远不如欧美宗教，上至国王的登基，下至婚丧等，莫不感觉迫切的需要。岂知梁帝之二梦，至今遗害佛教徒梁皇、水陆经忏之大梦犹未寤，良堪悲也。武帝之梦还多，姑止于此。他崇佛之误，除接受历代皇帝信佛之启发以外，神奇的梦，确为他信佛原因之一种。

梁武帝弃道入佛的一幕 四月八日（天监二年）帝于重云殿，亲制文，率文武群臣士庶二万余人，发菩提心，永弃道教。其宣誓词曰："愿使未来生世（不能把握现实，希望来生，大错了也），童真出家（现在出家难道缺污什么？童真又多些什么？根本不知真理是不生不灭，不增不减，不垢不净，不常不断，无取无舍的；今舍不了帝位的尊荣，五欲的快乐，说什么来世，童真入道？真是活骗鬼！大丈夫，要舍就舍，要放下就放下；如释迦太子，说出家立即出家，又何必说什么愿使未来生世，童真出家），广弘经教，化度含识，同成佛道；宁在正法中长沦恶道，不乐依老子暂得生天。同年十一月，敕公卿百僚侯王宗族，并弃道教，舍邪归正。"并在他登位第十六年（公元五一七年）敕废天下道观，道士皆返俗。道教既普遍为人民所信仰，当时势力之大，教徒之多，不想可知。信仰宗教，追求知识，原为人民意志之自由，虽帝皇亦不应强奸士民信仰意志之自由。何况身为一国之元首，受国人之拥戴，如此压制道教，则务必使信仰道教之士民，势必反应极为恶劣不可！纵因帝皇霸道势力所制，然非心悦诚服，则政府失去全民中一部分之拥戴，智者所不为！尤可怪者，佛教素以慈爱、平等、和忍为主，其容忍宽宏大量，远非道教思想可比。梁武帝此举，未免带有一种狭隘之仇恨意识，不但与元首身分不合，亦有乖佛教重感化之美德也。梁武帝若以佛教真理与道教相比较，俾二教知识分子研究讨论其得失，理胜者为师，劣者屈为徒，帝本身不参加意见，则道教徒必不仇佛教，亦不恨帝也。魏之灭佛教，全由于道教徒得势之故；此后三武一宗毁佛之法难，未始非植祸根于梁武帝者也。梁武帝崇奉笃信佛教之热情可取，而其缺乏深谋远虑之政治头脑，及不了解人民宗教信仰之崇高心理，似亦无可讳言者。君子小人，风草之喻，梁武帝失之多矣。

梁武帝信佛后之生活

私生活 《纲鉴》云："自天监中，用释氏法，长斋断鱼肉；日止一食，唯菜羹、粝饭而已。身衣布衣，木棉皂帐，一冠三载，一衾二年。后宫贵妃以下，衣不曳地（五十便绝房事，不作乐），不饮酒，非祭祀飨宴，及诸法事，未尝作乐；虽居暗室，恒理衣冠正坐，盛暑未尝褰袒；对内竖小臣，如遇大宾。"这几乎过的出家人如律生活，受佛教戒律及大乘不食众生肉的思想所影响。

《佛祖统纪》卷三十七载："天监六年（公元五〇七年）上集诸沙门，制文立誓，永断酒食（肉食），其誓词略云：弟子萧衍，从今已去，若饮酒放逸，啜食众生，乃至乳蜜酥酪，愿一切鬼神，先当苦治弟子，将付地狱，众生成佛，犹在阿鼻（地狱名）！僧尼饮酒食肉，亦应如此加治。又云：是时复集僧尼一千四百四十八人，于华林殿，请法云法师讲《涅槃经》中‘食肉断大慈悲种子’之文，上亲席地与众同听。”他在太清元年（公元五四七年），想以帝皇斋戒之身为表率，并利用政治力量去改变当时一般有势利而生活不上规律，过于奢侈的法师僧侣们的行为，乃有欲自卸僧官，唯任法侣之举，可是受了许多信任有力的僧侣所包围，卒莫可如何。《统纪》上有：“时释子多纵逸，主僧不能制；帝欲以律行僧正事。诏下，藏法师（开善寺智藏，梁三大法师之一）执不可！帝不能夺。藏谓众曰：‘衣冠子弟十辈，岂能俱称父意；今糅杂五方之众，而欲以一己好恶绳之，可乎？’帝自受具戒，寝处略同沙门；虽宫禁亦恣僧游览。一日，藏师竟御登座，左右诃之！藏曰：‘贫道定光金轮之裔，宁愧此座？倘欲见杀，不虑无受生处。’帝特令不问。”僧人之骄逸而逾法度，谁令致之然耶？

武帝所信仰之僧侣多无识者　武帝时，光宅寺之法云，法华独步；庄严寺之僧旻，特善涅槃；开善寺之智藏，驰誉胜鬘。而称梁代三大法师。其余如慧约、宝志、宝亮、慧超（为寿光殿博士）、云光等，皆常出入禁中，受帝恭敬供养，他们除讲经发挥一经一论之义学外，其修养不足以化同侪；且为利动昏心，浇波之俦，肆情下达者作掩护。这些因齐梁二朝帝皇大弘佛法，致使他们离山林而来都邑，玄谈而不能恬淡，又不为兼济之事行，势必流于不堪。然此现象，均承两晋清淡虚玄之风，致使社会流于文华奢靡，声色逸乐；而佛教亦失其恬淡清高之风，与世浮沉，诚一白衣（武帝）之不若。彼辈既不克绍隆佛种，亦不能淑世善群，移风易俗，到不如明之朱元璋、姚广孝、刘秉忠之流，不失其为教之功，及恬淡清高之风度。彼辈既无益于国家民族，亦无裨于梁帝个人之身心。专以布施供养修寺功德以动福德之思，而未尝以民瘼国事晓之。否则，梁武帝必不至专以设无数次无遮大斋，三舍身于同泰寺为佛奴，而儿戏国事也。昔宋文帝（南朝）于元嘉元年（公元四二四年）对功德铠曰："朕欲斋戒不杀，迫于徇物，不获于志。"铠对曰："帝王、匹夫，所修各异，匹夫身贱名劣，言不令威，若不克己，将何以济？帝王以四海为家，兆民为子，出一嘉言，士民咸悦，布一善政，人神以和。则风雨应时，百谷滋茂。如此持斋，德亦大矣。宁在辍半日之餐，全一禽之命，然后弘济耶？"帝叹曰："俗迷远理，僧滞近教，如法师之言，可谓近天人之际。"吾故曰："梁武帝所信仰之僧侣多无识者。"此也。

儿戏帝皇身　《梁书》载梁武帝四度舍身同泰寺出家为三宝奴，每一次均由群臣以钱一亿万作奉赎之资，这简直是变戏法。要出家，率性牺牲尊荣的帝位，将帝位让予太子；否则，若欲到山寺中去度几个月清闲假期或探讨佛法，亦可将国事付托重臣。第一种能做到，是真学佛；后者能做到，不失为大政治家的风度。此之不图，奈何以儿戏、伪装手法出之。万一群臣不赎，岂不闹成天下后世之大笑话吗？史书写他四次舍身道：大通元年（公元五二七年），帝驾幸同泰寺舍身，群臣以钱一亿万，奉赎皇帝归宫。

“中大通元年（公元五二九年）九月，京城大疫。帝于重云殿，为百姓设救苦斋，以身为祷；复幸同泰寺，设四部（出家之比丘、比丘尼，在家学佛之优婆塞、优婆夷称四部弟子）无遮大会。披法衣，行清净大舍，素床、瓦器，乘小车。亲升法座，为众开涅槃经题，群臣以钱一亿万奉赎，表请还宫，三请乃许。皇帝设道俗大斋五万人。”第三次舍身是：

“大同元年（公元五三五年）九月，帝幸同泰寺，讲《金字三慧般若经》，行清净大舍，皇太子群臣，以钱一亿万奉赎归宫。是夜，寺浮图灾（古时天火曰灾）。上曰：‘此魔所为也。’乃诏曰：‘道高魔盛，行善障生。’遂更起十二层浮图。”第四次舍身是：

“太清元年（公元五四七年），帝幸同泰寺，设无遮大会，行清净大舍。升妙严殿，讲《金字三慧般若经》。群臣以钱一亿万奉赎归宫。”

梁帝四度舍身，均在同泰寺。第一次舍身不明；第二次舍身讲经，原因是京城瘟疫流行，死相枕藉。梁主乃发大慈悲之心，到寺里去为祈祷。想仗佛之威灵，驱逐疫鬼瘟神。殊不知疫乃由于不卫生而发生之传染症，照理应实行用医药去救急，梁主舍正途不由，而偏迷信于祈祷，而忘孔子祷久矣而无用。梁主把佛陀当作万能的神，而忘掉人生因果真理，真是愚不可及了。他舍了身，然后为大家讲《涅槃经》。第三、第四两度，也到同泰寺去舍身讲经。他做了人皇，宫中生活过得久了，有点儿作腻，不如到寺里去对四众们讲讲经，暂换人皇做法王，高登法王宝座，换一换天天相对的群臣朝议胃口罢了。他哪里是真心舍身出家做三宝奴呢？舍是弃掉不要，还可以赎回宫中，这是人情何等的易做？他为何不想一想佛教教主，半夜偷离皇宫，后来他父皇专派五个大臣去劝他回宫，他睬也不睬，那才像个出家舍离一切真心为道的样子。梁帝性伪，虽学佛，仍无法去其虚伪之习性。明明是他到同泰寺，寺众忙碌，灯火千万，彻夜不停，忙个不了，照顾不了，因不小心而致失火成灾的。而他偏要说：“此魔所为也。”又说什么“道高魔盛，行善障生”一类废话，反而更建十二层的大厦。他每次的滥用国库，及群臣三亿万，试问这些钱是从天上掉下来的吗？史载天监四年（公元五〇五年），称“梁大有年，米斛三十钱”。斛是十斗，相当台秤一百三十斤。只卖三十钱一斛的米价。照目前算，一百三十斤，至少要二百三十元台币才买得到，但在当时三十钱，等于三十年前一角十分中之半分银币还不到，而实际当时的三十钱等于现在二百三十三元新台币。他舍了就算了，为何叫太子群臣们花费许多钱去赎他？究竟是谁将他出卖或典押的呢？一些儿道理也没有，他还做得津津有味，这难道不是儿戏帝皇身么？

真理的追求　讲经和听经。“梁主为人，孝慈恭俭，博学能文，尚文雅，英达有文学。”史书不断地称赞梁武帝。而太子昭明，亦长于文学，好佛有父风，不幸短命。梁武帝由儒而道而佛，学佛后，潜心于佛教真理的探求。所亲近之知藏、僧旻、慧约、法云等有名法将，而其所闻的如：涅槃、胜鬘、法华、般若、成实等经论，亦非只一次；亦非登极后之事。而其幸于同泰寺所讲者，亦在十次以上，有时竟住三个月之久。可见梁武帝于佛学足有研究者。其所作有关《般若》《涅槃经》新注疏，达数百卷之多，惜都不传于后世。中大通五年（公元五三三年）二月十六日，梁武帝在同泰寺讲《金刚般若经》，为时达二十一日之久，听法者自太子以下，计三十一万九千六百四十二人之多。佛学为时人所倾究，即此可见一斑矣。

佛学经汉魏、两晋，以不复依傍儒家，老庄之思想而自能独立发展，至南朝，已为佛教唯一之盛世，王公士大夫唯此是赖；梁武帝以下国主，曾数度舍身作无遮施，儒家学术不为王公人士所崇重，老、庄亦因循无生气，唯佛法义理为学术之重心，此梁武帝之所以由儒而道，弃道而入佛者也。就文化而言，我国本位文化，应在秦汉以前；自汉武屈百家而独尊一孔，则我国本位文化学术思想颓然无生气。考当时学者所务，不出二途，儒生不局于经学之考据，便泥于支离破碎之注经；方士术数则虚妄怪诞，长生之术不能得志于王公，唯下流于民间，谶纬、符咒、祈禳、忏罪，比比皆是。如此以言学术，又何能满足一般玄思卓拔之士的要求呢？于是“穷推真际，以无为本；放浪形骸，无累为宗”。力求个性的解放，见自我之本真，风起云涌之清谈玄学应时而兴矣。若夫弭战止恶，布悲智平等之教；萧然无寄，祛滞执而显真空，而又足以启导参助六朝之玄学，深为时代学者所馨香归依者，唯佛教尚矣。梁武帝崇佛，时势风气如此，非偶然也。

受戒及于它

梁武帝登位第十九年（公元五二〇年）于宫中等觉殿筑圆坛，将禀归戒，慎重将事，聘选德邵律师，于是朝议，以草堂慧约法师应诏。四月初八日，帝服田衣，北面敬礼，受具足菩萨戒。自太子诸王公卿僧俗，从约受戒著录者四万八千人。皇赐约为智者，并命天下不得呼慧约名。自此，慧约入朝，必设特榻，而帝坐其侧。大同元年（公元五三五年）九月六日慧约法师垂诫门人，言讫合掌而逝。寿八十四，帝辍朝三日（有云七日），素服哭之。从师受戒之四万八千人，皆服绳麻，哭送至塔。约尝所乘青牛，垂泪悲鸣，双鹤绕塔哀唳，弥月而去，其德化如此。帝自戒后，日唯一食，食止蔬菜，寝居殿所，净如沙门。

此外，梁武帝在京都建光宅、大爱敬、大智度、同泰、阿育王五大寺，度众甚多。另如敕太医，不得以生物为药；又敕织官，凡布上不得为仙人鸟兽之形，裁剪有乖仁恕。又诏以祭宗庙用牲牢，有累冥道，宜皆以面为之。八座朝议，以下脯代一元大武，十月诏以宗庙犹用脯，修更议代之，于是以大饼代大脯，其余尽用蔬果。今之茹素办食者本也。

客观的批判

后世一般对梁武帝亡国，皆归罪于佛教，讥之为敬佛溺佛，溺于慈爱，所以才亡国。我对梁武帝亡国，归之于无“深谋远虑之政治头脑，昧于国际形势，用小人如朱异之流，无知人之明，个性太强，独裁而寡断，不纳忠贞之谏，赏罚全无，忠奸不分，此外如连年侵略邻邦，轻纳善变叛臣侯景”。凡此等等皆是亡国之根本。信佛后，对个人生活之刻苦，五十不行房事，房只一床，一桌，日只蔬食一餐，试问千古能有帝皇如此清苦者否？梁武帝因信佛而得长寿善终，观历代国主有如梁武帝之高龄善终者有几？帝终七日，面貌如生。当台城被攻破时曰：“自我得之，自我失之，亦复何恨？”其襟怀之阔大，已非后世评其亡国者所能达也。

5 业力篇

绪言

人类社会中，有种潜在伟大无比而为一般人所不能觉察得到的力量；而这力量一经产生，在时间上是无穷无尽的延续而不息，在空间里是无量无边的扩展而不灭；如同一时投多石于水池，则其各个同心圈无限的向外延展者然。此力为何？佛学所谓业力是也。

凡人类的一切思想、语言、文字、生活习惯、事业创造、行为活动，莫不有其影响的力量。此中同与不同的一切力量，在行为方面讲，无论其为善的，道德的；为恶的，不道德的，利人的或害人的，个人的或群众的，直接间接，莫不相拒相迎相激相荡而影响着社会人类的心理。例如科学家自发明蒸汽机以来，工业日益进步，则海角天涯上天下地之交通网由此形成，利人固属无量；然因此而制成坚甲利兵之战争武器，于是杀人害国亦无有极。且无论何物，一经发明，愈研愈精，愈演愈烈，而今二十世纪的科学文明对世界人类，其悲惨、惶恐忧虑之命运，亦莫不因此而困惑殊甚！至于人生事业之成败，穷通夭寿，生死荣辱，固有其因；而国家之丧乱，民族之兴亡，又何莫非业力之所操纵。总之宇宙之内，林林总总，化化生生，形形色色，芸芸万品繁衍而不绝者，皆业力而存在者也。业力罗网遍虚空，业力深广逾大海，人欲滔滔，业海茫茫，生死流浪，莫知际涯。谁是智者，挥慧剑以裂业网，投灵日而枯业海？馨香一瓣，其惟圣言。

定义及概说

什么叫业？梵语羯磨（Karma），义译造作、所作事。《俱舍论光记》卷十三说："造作名业。"凡所作善的业因有生善果的力用，恶的业因有生恶果的力用，学政治的人成为政治家，习工程的人必成为工程师，其所作之学业必有达其预期结果的力用，故名此动机行为——造作——结果，总名之曰业力。《俱舍》以造作阐释业的定义，当然是正确的；但业的内容及所包括的一切事物，造作这一术语，都未能加以明晰的阐释，详尽的分析。

业在整个佛学中，是与般若相对的另一面。自般若方面论，生灭不已的宇宙万有，便成为不生不灭律；自业力方面论，这生灭不已的宇宙万有，便成为因果循环律。这二大定律，可说是全部佛学的两大纲领。业是何等的重要！佛学的缘起性空论，便是般若与业力的一事两面观。所以从缘起方面观察宇宙、人生、社会种种活动现象，莫不受着因果循环律所支配；反之，若从性空方面观察宇宙、人生、社会种种活动原始要终的根本论题，莫不是受不生不灭律所支配。这二者，骤观之，似是矛盾，实际缘起即性空，性空即缘起，早已成为矛盾统一的中道律了。所以业的涵义，甚为博大精微，并非作一语简单阐释所能穷尽，必须有更进一步探讨之必要。

业，就狭义讲，它包括吾人全部思想、意识及由思想或意识中发生的一切身、语……行为。这思想行为，无论其为内在的动机因素，而牵连到环境的外在结合，构成一连续的善（道德的），不善（不道德的），及非善非不善（中立无记性）等事实时，乃至未曾成为事实的行为，蕴于潜意识中的不可见验的一切可能活动性（无表业），均得称之为业。所以业，不但指人类所作的善行、恶行（道德行为和不道德的行为）而已，还包括发生一切行为的动机，以及由于环境影响潜于意识深处的各种印象（无表业）在内，由此可以言人类的道德与不道德的标准尺度。离此，则人类社会间的善与恶，是与非，均失去其均衡正确性；能把握此，以作判断每一社会人类行为的准则，则知每一国家社会秩序之良窳与否，而察其国家社会民族之作业为善为恶，为利为害，了如指掌了。一个性情乖张惯于作奸犯科的国民，虽不能说他与其所处的社会家庭等环境全无关系，可是他内在的因素——意识与思想，作奸犯科的动机上——发生了偏差的毛病，致使他理智失去正常控制情绪的力量，才做出不近情理的事情来。须知作奸犯科者的一切罪行，如果经过相当或特别道德精神的训练，他决不致做出自害害人、害国家民族的不道德行为的。总之，人类所有一切意志、思想、语言、文化、行为活动，这活动，无论是善与不善，利益与相害，个人与社会，凡一切竖的历史时间，横的无限空间，乃至世间的凡夫流转门和出世间的圣人还灭门，潜力与现象界，莫不皆是业力之所表现。明确地说：从缘起的因果循环到性空的不生不灭，社会的动态，人生的组成，都逃不出业力之网；而所有组成业力的要素——意识、思想、身语——行为种种造作活动，便是一个因果之环；欲明因果之环，当研业力之网。所以佛教一切有部及唯识，对业力学说的发挥，可为集业部之大成了。兹为简明起见，将各经论中有关业的类型，列表明之。

业的类型表解

第一，从业的基本上分析起来，便有下列的几种：

- 意业—吾人一切思维—意业——思业——内心之造作
- 身业—吾人一切行为
  - 身表业—显然动身而有所表示者
  - 身无表业—表示已终报应未至之间的一种隐秘之招果符契
- 语业—吾人一切语言
  - 语表业—显然发语而有所表示者
  - 语无表业—表示语已报应未至之间的一种隐秘之招果符契
- （身无表业、语无表业）—思—已业由内心而发现于外

第二，从业的行相上分析起来，便有下列几种：

- 善业（十善业）
  - 身善业
    - 救护生命——离杀生事
    - 布施资财——离不与取
    - 勤修梵行——离欲邪行
  - 语善业
    - 说诚实话——离虚诳语
    - 作利益语——离杂秽语
    - 善言安慰——离粗恶语
    - 和合彼此——离离间语
  - 意善业
    - 常怀舍心——离贪欲
    - 恒生慈念——离嗔恚
    - 正信因果——离邪见

- 恶业
  - 身恶业
    - 杀生
    - 不与取
    - 欲邪行
  - 语恶业
    - 虚诳语
    - 杂秽语
    - 粗恶语
    - 离间语
  - 意恶业
    - 贪欲
    - 嗔恚
    - 邪见

（以上十种）— 十恶业

第三，从业的德性上分析起来，便有下列的几种：

福　业—益顺有情（人的别名）而招善果之欲界善业也。
非福业—损害有情而招恶果之欲界不善业也。
不动业—业果之不转动的色无色界善业也。

第四，从业的原则上分析起来，便有下列的几种：

黑　黑　业—不善业，必感恶果者。其性染污，故云黑，又所感异熟果不可意，故重云黑。以因果但黑故，故名黑黑业也。

白　白　业—善业必感善果者。其不染污故云白，又所感异熟果可意，故重云白。以因果俱白故云白白业。

黑白黑白业—善不善杂业必感杂果者。善业为恶所杂，故云黑白；又所感之异熟亦杂非爱之果，故重云黑白，以因果俱杂，故云黑白黑白业。

非黑非白业—无漏业必感无漏果者。其性不染污，故云非黑，又不招白之异熟，故又云非白。

第五，从业的体量上分析起来，便有下列的几种：

- 共　业—多人所感
  - 共中共业——如山河等，有情共同受用。
  - 共中不共业——如田舍等，私人独自受用。
- 不共业—自变自用
  - 不共中不共业——如身体等，他人相依受用。
  - 不共中共业——如眼耳等，一身独自受用。

第六，从业的能力上分析起来，便有下列几种：

能生业——能造生果之业，遥招果报。
能持业——能助现前之业，获得稳固。
能消业——能使隐积之业，一旦消灭。
能毁业——能将显报之业，当前拔除。

第七，从业的趣生上分析起来，便有下列的几种：

极重业——业力极强，能制余业，故为趣生的定向。
近死业——若缺极重业，则死时最先现前之业，亦决定其来生。
习惯业——同一之身语意业，屡屡习惯，则亦具有趣生之力。
累积业——吾人苟无新业发动，则其趣生必出无始累积业之中。

第八，从业的效用上分析起来，便有下列的几种：

引业——引生“自他同一”之总报，谓之引业，如国土界趣等之相同，均彼所引。如绘图画先绘轮廓。

满业——圆满“彼此各别”之别报，谓之满业，如同为人类，各人形相命运之差别，均彼所圆满者；如绘图已，着以彩色，则所绘极为圆满。

第九，从业的领受上分析起来，便有下列几种：

心受业——与第六意识相应之受，谓之心受，此业所感，唯心受之异熟果。

身受业——与前五识相应之受，谓之身受，此业所感，唯身受之异熟果。

第十，从业的感报上分析起来，便有下列的几种：

顺乐受业——从欲界至色界第三禅之四地。

顺苦受业——欲界。

顺不苦不乐受业——色界第四禅以上至于有顶。

第十一，从业的时间上分析起来，便有下列的几种：

- 定业
  - 顺现法受业——现生受报
    - 报　定——时报俱定
    - 报不定——时定报不定
  - 顺次生受业——次生受报
    - 报　定——时报俱定
    - 报不定——时定报不定
  - 顺后次受业——他生受报
    - 报　定——时报俱定
    - 报不定——时定报不定
- 不定业顺、不定受业——时节不定
  - 报　定——报定时不定
  - 报不定——时报俱不定

第十二，从业的果地上分析起来，便有下列几种：

地狱业——十恶业之上品。
畜生业——十恶业之中品。
饿鬼业——十恶业之下品。
人　业——散善之下者。
天　业——散善之上者。
不定业——微善不恶，受业不定。

第十三，从业的界系上分析起来，便有下列的几种：

- 欲界系业
  - 作　业——身口所造的种种行动名作业。
  - 无作业——因所集罪福等，常随是心，不相应法，名为无作。亦有无作，但随心生。
  - 非作非无作业——即是意，意即是思，思名为业。
- 色界系业（所解同前释）
  - 作业
  - 无作业
  - 非作非无作业
- 无色界系业（所解同前释）
  - 无作业
  - 非作非无作业
- 无漏业——无漏业——无漏思所发之业。

业力可畏

关于业类型，已列举不少的表解，此外还有不关重要的分析，如三牟尼等，暂且略而不谈。可是我们单约上面所举的探求一下，这个业字涵义之多，也就着实可惊了。在佛学经论里边，用业的名词的地方，实在应当分别详细地加以阐释，因为它——业——有时指着基本，就应当作基本上的身口意三业的阐释；它有时指着行相，就应当作行相上的善、恶、无记等的阐释；乃至有时指着果地，就应当作果地上的人、天、鬼、畜等的阐释。换言之，这个业字的意义不仅包举着它的全体大用，并且通因及果，所以直译出来，虽只是造作名业；而这造作之体，造作之相，造作之用，造作之因，造作之果，造作之缘，实在都可以用这个业字表示，这应当是这条译文的一个重要的说明啊！

像这样的阐释这个业字，以为总算正确而又详尽了吧。实际上，我们只要把小乘的《成实论》《俱舍论》《大毗婆沙论》《法智论》作一个鸟瞰的巡礼，便知真是业海茫茫无有涯畔呢！前面说过，宇宙人生，无一不是业力的表现，如果有人问："我们所共处的这个宇宙，究竟从何而有？究竟从何而立？我们的人生，究竟生从何来？死又何往？天地日月星辰何以会运转？四时何以会成序？风云雨露花鸟山河植物等何以会成文？乃至人类为什么一定要有战争？不战争就不行吗？一个国家为什么要合久必分，分久必合，一治一乱，一兴一亡，一盛一衰？

同是人类，为什么有的那么靓活泼？有的那么丑陋呆滞？有的那么聪明？有的那么愚笨？人既生来了又为什么一定要死去？人既欢合了为什么一定又要离散？”

关于这许许多多的问题，在这原子时代的二十世纪的今日，用科学（物理学、天文学、地理学、生物学、生理学心理学、乃至社会学、政治学等）来研究它，我相信都能给以适当的当然道理作有限的解释的。不过，如果让我们的理智追问到第三、第四为什么的所以然的道理时，我也相信科学家及他的法宝——仪器——终归无法加以究竟圆满说明其所以然的了。古今中外称此不能解答的疑问曰：“宇宙人生之谜。”上下几万年，横遍七大洲，所有聪明睿智俊杰之士，所有宗教、哲学、科学的书本知识，能够较为圆满透辟地解答这许多问题的，那就只有佛学中业力的说法要算首屈一指了。佛学对这些问题又是怎样的解释呢？他说：“宇宙人生的一切，莫不是依业力而在，存亦莫不是依业力而得建立。”

业力之网不灭

近代科学家，认为构成宇宙万物的原素为能力，于是赫尔姆霍茨、爱因斯坦等，有能力或能量不灭的说法。佛学认宇宙人生之存在不绝者，为恒转如瀑流的种种缘起身心活动所作的业力，而此业力亦为不灭。业是我们身口思维及环境事业交织成的活动之流，无论其为好为坏，皆足以影响后世于无穷。如孔子，生在距今二千四百余年前，他的骨已成灰，而他在世时，所言立身、处世、治国、平天下的道理，仍为今日中华民族的中心思想，那孔子所作立言、立德的行业之力亦未磨灭；又如宋朝的秦桧、张邦昌，没有一个不知道他们是奸臣国贼，也没有人去崇拜他们，效法他们；而每当我们痛骂汉奸国贼时，必曰：此今日之秦桧，今日之张邦昌也。可见秦桧、张邦昌所作出卖国家，陷害良人的罪业，至今还未曾消灭了。业既不灭，则人类身口意的活动，如果是善的就能发生善的影响，是恶的也就能发生恶的影响。其所发生的影响，即善业或恶业的重现，亦即经验的反应或生活的遗痕。此重现、反应或遗痕，佛学称之为轮回。轮回是有规则可循的，而不是杂乱无章的。佛学依此经验，建立了三世因果的现论。三世，就是过去、现在、未来。过去造因，现在得果；现在造因，将来得果；其间报应分明，丝毫不爽。佛经说："欲知前世因，今生受者是；欲知来世果，今生作者是。"又云："假使百千劫，所作业不亡；因缘会遇时，果报还自受。"一个国家的强盛或衰亡的结果，必定有它所以强盛或衰亡的原因所在。一个家庭的和乐或破裂的结果，必定有它所以和乐或破裂的原因所在。一个学生成绩好或不好的结果，必定有他所以成绩优异或不及格的原因所在。这就是“欲知前世因，今生受者是”的注脚了。根据这因果业力的原则，相反的，我们要想把握到未来国家，或一个公司乃至家庭及个人的强盛果实，这并不难，只要有计划、有决心和正确强盛的目标，全国上下各阶层，一致觉悟奋起，痛改前非，朝着目标做去，那一定会达到预期的目的的。“欲知来世果，今生作者是”，上文就是最佳的注脚。

业力不灭，因果蜕变的说法，不单是佛教，就是我国儒、道两家的典籍中，也有很多地方说到的。如《尚书》说：“作善降之百祥，作不善降之百殃。”《易经》也说：“积善之家，必有余庆；积不善之家，必有余殃。”《春秋左氏传》也说：“多行不义必自毙。”《道德经》也说：“强梁者不得其死。”又说：“天网恢恢，疏而不漏。”皆因果报应之说也。

因果报应的事实，有些是显而易见的，有些是隐而可知的，有些是昧而难明的；显而易见的是及身之报（奸淫掳掠者，必遭法网之报；嬉游不勤读书的学生，必遭不及格或开除学籍之报；狂嫖嗜赌者，必遭倾家荡产贫穷之报。此皆及身报应之一面也），隐而可知的是子孙之报（报在子孙），昧而难明的是死后与来生之报。

显而易见的及身之报　世界上有许多躬耕稼穑，累世清贫的人，忽然名扬身显了，资财富厚了，子孙众盛了。试问他之所以名扬身显的结果，必定有他刻苦励学，道德衍美的原因使然的；他所以资财富厚的结果，必定有他勤俭力作，理财有方的原因所致的；他所以子孙众盛的结果，必定有他夫妻好合，色欲有节的原因所在的。像这样孜孜为善自守的人，皆足以在他本身本世而招善报。若其不然，纵是他的功名赫于一时，富厚殊异于当世，一旦恶贯满盈，亦必遭到身诛家败，子孙灭绝的果报。推想他们所以遭杀身之祸的，不是因贪赃枉法，舞弊而见诛于公法，便是恃势凌人而见戮于私剑。如宋朝的蔡京、贾似道，明朝的严嵩、魏忠贤，清朝的和珅、年羹尧，近时的孙传芳、张宗昌等。这些人，不是诛于公法，便是戮于私剑。当他们名声赫奕鼎盛的时候，各个莫不是聚货山积，妻妾盈庭，但是一旦见诛，同归于尽。想求如匹夫匹妇的酣卧牛衣，负暄茅舍，亦不可得呀！可是在他们得意忘形的时候，恣情挥霍，日费万金，纵有银山，又何济于事？则不待抄没，而其家必自破败。声色之奉，昼夜无休息，人之精力有几何，能不枯竭？则不待族诛，而其能以弱息以延宗脉而不自绝者几希！孔子说：“天作孽，犹可违；自作孽，不可活。”正是为这些人说的了。

隐而可知的子孙之报　善恶的报应，不报在作善恶的人本身，而报到他的子孙身上，这未免太不近情理，也太不公平了。如果亲近的亲人为不善之人，他处心积虑，无往而不心怀险毒欺诈，虽是伉俪之情，亦未必能和睦相待以诚的。纵使偶尔和睦相爱了，在他交接的时候，能否一洗一向的险诈之心，而成清明的肺腑么？他这个夹杂险诈念头的血脉之气，已遗传到他的子孙身上去了。他的子孙，禀赋着先天遗传的险诈之恶气，虽有后天良善的教育，犹难把他遗传的余毒能淘汰得干净，以归于纯善的。何况孩子在少小的年龄，渐渐耳濡目染于家庭不良的习惯，举凡舞文弄法，恃势凌人，骄奢淫逸，恣情纵欲之事，莫不视为当然，而次第模仿，效法其家长。及到孩子一旦长大成人，能不变本加厉于他的长辈的吗？循着业力的规则，其父幸而免于恶报，必不能再幸而免于其子孙了吧？假使一个亲近的亲人是个为善的人，他的处心积虑，亦必无往而不清明正直，这种人，真可以刑于寡妻，至于兄弟，以御于家邦。其良善的种子，既足以遗传他的子孙，而他和乐的家庭环境，又足以为儿童的模范。以先天优美的禀赋，而复能受到良善的教育，举凡家人刻苦励学、勤俭力行、节欲爱身之事，莫不视为当然，而次第效法，孩子一旦长大成人，哪有不青出于蓝而冰寒于水的道理呢？循着业力规则推演下去，纵然其家的前辈不幸而未得到善报，必定不会不幸而不报于他的子孙的啊！这种生活的遗痕和反应的说法，不但中国的儒道两家和佛教如此，就是欧美的学者，亦作如是。哈利柏吞说："多疑的父母，造成诡谲的孩子。"朗多尔夫也说："任何一个伤父的心的人，都将会有一个孩子给他报应。"T. 挨德华兹也说："尊敬你的父母，他们生养你，在幼年时温柔地抚育你，青年时教导你，一直爱着你，尊敬、服从、爱他们；这将会使他们的灵魂充满圣洁的快乐，并使上天降福于你；在未来的日子，你的儿子也会尊敬你，而使你的生命充满平安的。"这种遗传反应的果报事实，是天下公认的定律了。

昧而难知的未来之报　讲到人死后与来世的报应之事，在一般人认为是荒诞无稽，或神秘不可思议的，实则不然。试观宇宙万有现象之发生，莫不各有各的种子和助缘，例如现世人类所食之米麦，必定系过去无量百千年前继续遗留下来的稻麦种子——因——及水、土、阳光、人工、肥料等关系——助缘——而存在的。过去物质现象如此，现在亦如此，将来还是如此。那么，人类精神——心理——现象又何独不然？须知父母精虫和卵子，不过是我遗传之助缘，但决不是生命之种子，吾人生命之主体——种子——为因（如稻子种为因一样），父母等关系为助缘（如水、土、空气、阳光、人工、肥料等条件为助缘一样)，则吾人的生命得以存在，过去如此，现在亦如此，将来还是如此！更有进的，现在的西瓜子待明年种下地去，只要不被其他条件破坏，则明年所结西瓜，必定是今年留下来的种子无疑了。而且西瓜必定生西瓜，绝不会生黄豆、辣椒和苦瓜，梅花竹子的物质如此生灭代谢演进不断，有秩不紊；而吾人之生命——精神——种子又何独不然？所以吾人之物质——躯体死亡后，而生命仍不断绝；生命不灭，则其过去所作一切善恶业之种子，莫不摄藏于阿赖耶（弗洛伊德所说集团隐意识，仿佛于阿赖耶识)。心识之中，等因缘成熟，于是善种子发生作用——力量——时，其气象必定光明祥和，故能乘此善业的潜势力而超生善处；恶种子反是，其发生作用时，必定积有秽毒黑暗之气象，于是乘此恶业的潜势力而堕落于恶处。佛教往往以天、极乐净土代表善，然绝非耶稣教或其他宗教所说的天堂，乃吾人自心所创造的一种较现实世界，更完善合理的世界。以地狱代表恶处，然亦非其他宗教所说的地狱，亦即吾人自心所创造的一种较现实世界更恶劣不合理的世界。姑且以今日东方之珠或民主橱窗的香港为例：它在第二次世界大战爆发未沦陷于日本军阀之前，国内各大城市的达官贵人、富商大贾们，左握黄金美钞，右拥娇妻美妾，莫不趋之若天堂乐国，避难之保险皇宫也，及倭寇一旦侵入，而秩序顿时大乱，奸淫掳掠，随意捕杀；继之粮食恐慌，饿殍遍地，有割死人之肉而食的，有劫掠他人幼弱宰而售其肉于市的，也有易子而食的，种种惨不忍闻的事情都发生起来，于是又莫不交相曰："香港成为臭港，天堂变作地狱了。天堂地狱，眨眼可变，那佛教所说善恶升沉，因果轮回之事，难道是无稽的吗？"

或曰：因果轮回，生命不断，乃宗教家迷信的说法，是又不然。征诸史籍，及西洋哲学家，如柏拉图、亚里士多德、柏克莱、康德等，对于生命不断之说，莫不详细研讨而承认，不仅是宗教家之迷信。又英国于一八八三年至二十世纪初，有灵魂学会的组织，专以科学的方法，研究这个问题，主持这事的，都是当代有名的人物；如雪机为克、丁尼生、拉斯金、克鲁克斯、詹姆士等，均是该会重要分子。会员中洛奇爵士，是世界有名的物理学家。他说："灵魂不朽之说，已得到经验的证明。"该会会员，都一致承认而实信不疑。近来也有关于此问题的讨论，以为肉体死后之存在，为科学上必需之假设。唯科学的发展，仅仅数百年，而人类生命不断的现象之流，已不知若干万亿年了。且科学证明的领域，仅宇宙极小之一部分，往往知其末而亡其本，知其外而不知其内。例如光之速度，每秒三十万公里，而不知道此速度之知，比光又快几百万亿倍。何况科学是日新月异，正在进步中。试观爱因斯坦相对论出，牛顿若干定律已被否定；而举世认为独一无二科学权威之相对论，其中已有若干定论，又被爱氏的学生否定了。生命不断之说，目前纵难取得科学实物以供研究，故无详实的结论公告于世，然将来科学，必能解决此一问题，是可断言的。佛学从理论上证明因果轮回，生命不断为事实；亦若哥白尼于神权时代，从理论上证明地圆之说为事实，有同等价值，这不过为人类解决一绝大疑团，非欲借此以颠倒是非，愚人以逞的啊！

尾语

业力不灭，因果不昧，四维上下，古往今来，莫不受其鼓荡，受其笼盖。人类身处其中，诚如鱼之在网，蚕之在茧，纵横反覆，终莫能逃出其范围者。而由此业力所鼓荡的业海茫茫，因果轮回的漫漫长途，又属苦多乐少，恍惚迷离，人生此世，究属何为？似失把柄。虽然，佛学之言业力因果轮回，乃绝对否定自然主义、唯物论、宿命论、定命论、神权万能的唯神论者。业由自造，因果全权操之在我，无造物者所能为之主宰，吾人之生命，随吾人所作业力而改造之，更不受任何神权或他力之所支配，我欲仁斯仁至矣，复又何所不足呢？设使更能由此进一步，穷究天地万物因果轮回的现象所以然之理，则头头是道，处处皆真了。

6 论思想卫生与身心健康

开头的话

饮食里如含有毒素，吃了不但没有营养，还会有生命的危险。

体魄不健康，精神必颓唐，一切学业、事业乃至人生的乐趣，都必因之而丧失殆尽。

思想不正确，见解必错谬，产生出来的学说，必颠倒真伪，淆乱善恶，毒化人类心灵和慧命，致世界于混乱。而饮食不洁，纵能毒害的只不过个人或一家人；如能小心卫生，加以消毒，犹可预防无事。

体魄不健，如能息心锻炼，补充营养，还可转弱为强。唯有未经理智的卫生器严密过滤的思想，产生出来的学术言论，其遗害于世界人类，实百倍可怕于鸦片烟、肺结核！

近世纪来，也偶尔有人提到心理健康的问题，然影响力却等于零。各国军事上，近来也注意心理战的重要性，感觉到物质的火力战和心理战，具有同等的价值和力量。可是，我却从不闻有思想卫生学的倡导者，难道是人类学者的心眼被稀奇古怪、五颜六色的物质所蒙蔽了吗？抑或是人类心灵的窗扉打不开来，永远潜伏在盲目意欲的黑室里，过着惝恍迷离、麻木不仁的糊涂生活；还是只见到有形相、有限量的物质生理的人生需要卫生化；而无形相、无限量的心灵和思想不值得科学家的研究提倡保护而加以卫生化呢？真叫我百思而不得一解。这个不屑为人类所注意重视的问题，却时常萦绕徬徨在我的脑海并不停地旋转起伏着，有时它竟使我的思潮浪涌，不能安睡。因此，每留心古今中外大思想家的学说，思有以解决这个悬而难忘的问题，但失望得很，终于找不到有关思想卫生讨论的文字记载。医学、药学、生理学、哲学、心理学乃至论理学，既谈不到个人思想卫生，也更谈不到公共的思想卫生。我很大胆地喊出思想卫生的新名词；并且想在这简短的篇幅里，略论身体健康外；而对世界学者不注意不重视的思想卫生问题，欲加以发掘和倡导；抛砖引玉，希望引起学术界作进一步的讨论。

卫生与身体健康

卫生是健康之本，有健康便有一切

卫生学是以生理学和医学为基础的一种科学。功用是讲求怎样保护人类身体的健康和预防疾病的发生。通常分为个人卫生和公共卫生两大类。近世科学发达的国家，莫不设有各种专门卫生机构，如卫生署、院、局、队等，负责处理保护国民有关一切健康事宜，尤注意公共环境卫生为然，如检疫、屠宰场、菜场、公共厕所，沟渠的消毒，食物、药物的化验，国民免费健康检查，注射疫苗，各种保健运动等，皆卫生机构范围以内之事。

人类为何要讲究卫生？因卫生是身体健康之本，而健康是人生快乐与学业、事业、财富之本，所以欧美人说："健康是最先的财富。""有健康的人有希望，有希望便有一切。""健康的身体是灵魂的宾馆，一个疾病的身体便是灵魂的监牢。"这种大声疾呼的鼓励，在欧美近五十年来，的确收到很大的效果。东亚病夫之羞，比丘常带三分病的说法，实有违背人生之嫌。欧美人对物质文明的追求和看法，是现实的同时也是对的。讲到物质文明的第一义，即是新兴科学事业的发展和获得财富的来源。而财富的来源，基于伟大的事业；伟大的事业能否开展与成功，又视乎人的精神健全计划周密与否以为断；而精神之健全，又端赖体魄之强壮；有了钢铁坚强一般的身体，不愁没有活泼焕发饱满的精神；有精神便有事业，有事业便有财富；于是家庭殷实，国库盈裕，所以说健康是最先的财富了。不然，卫生不讲，则身体衰弱，精神萎靡而颓唐不振，哪里还谈得上什么新兴的科学事业、财富与人生快乐？人一旦失去健康，则人生一切学业、事业与乐趣，也就随之而消逝。所以欧美人又说："伟大的事业，寓于伟大的精神；伟大的精神，寓于健全的体魄。"今日欧美科学物质文明一日万里的突飞猛进，人的寿命平均延长，死亡率减低，实得力于卫生事业发达之故。

身体健康的保持，只要时常留心环境卫生，注意饮食于营养价值，起居有定时，运动适当，小心气候的变化，每年作一两次的健康检查。能具备这些简单必需条件，生理健康就不成问题了。万一不幸，因饮食中毒，或皮肤破裂，被微生细菌侵入，致使五脏六腑、四肢百骸都患起病来的时候，也不要慌忙害怕，把它交给医生，让医生去处理它。在医疗水平进步的今日，治疗痊愈，恢复健康，并不是一件难事。而最难处理，无法治疗，医药不能奏效，一般卫生设备至完善亦无济于事的：那莫如人类的一颗灵活而不可捉摸的精神心，盲目冲动的意志，无端狂笑、无端哭、热烈奔放的情感，混乱的知识和复杂的思想了。这些混乱、紧张而不正常的人类精神和思想的病态现象，只要稍加留意，差不多随时随地都可以发现。尤其是报纸上，每日所刊登出来的小的如情杀、仇杀、劫掠、奸淫、欺骗、绑票等；大的如国际间的冷战热战，时高时低，忽紧忽弛。这一切的一切，在一般人看来，好像属于社会的经济等问题关键所在，其实，百分之百都是人类心理上的恐怖、猜疑、欲望——占有欲，思想错谬、偏差、不正常的病态现象。质言之，就是精神和思想，没有经过严密的清洁卫生运动，而含有各种先天和后天的变态心理细菌之故。总之，要使人类的身体健康不难，要使人类的心理和思想健康起来却是一件十分困难的事情。原因是科学家的技巧，只能教人控制物质和自然的卫生方法，却没有教人控制奔放的情感、复杂的思想、神秘的心灵、占有欲野心的卫生方法。在思想卫生未发明与普遍施行之前，我想人类不正常的精神病态现象，是没有办法消灭的。

思想细菌的根源

先天的思想细菌

人类有史以来和平自由，为什么终不曾实现过呢

思想细菌的根源，分：先天的思想菌、后天的思想细菌、零乱的知识、奔放的情感等四点说明之。先天的思想细菌，又名本能的私我思想，在唯识学上称为“俱生我执”。因它有始以来就是与身命俱生的一种原有本能，非后天学习性的。这种思想上的本能——我执——细菌的潜在性，等于一株具有细菌的金山橙，在橙树正开花的时候，细菌随花蕊以俱生、俱长、俱成。不但人类如此，凡是动物，小如蚊蚋、蚂蚁，莫不具有贪生畏死与捕取食物乃至自卫的本能。呱呱坠地的婴儿，不但打它会哭起来，就是肚饿了也会不期然地哭起来，这就是所谓“食色性也”的先天本能的证明了。自我执，为什么说它是生命思想中原始俱有的细菌？细菌（指有毒害的细菌）是一种潜在的极微细的害微生虫（如肺结核菌等），不容易为人所发觉，容易生长，无孔不入，一遇有利它发展的机会，繁殖力颇大，为害人群不浅。我执仿佛像它，人人生命中先天就具足它，言语行动，饮食起居，莫不爱着自己，莫不思权力加我，富贵厚我。凡遇有利于我发展的机会，不但尽量打击别人（不利于我者），压迫别人，为着扩充自我的势力与范围，疯狂地如火如荼，发动侵略战争，不惜灭人之国，绝人之种。如果自我没有机会发展，反而被迫处于不利的地位时，则从事于暗地潜伏发展——下意识——伤害谋杀、破坏等屠狗勾当。如再不能实现潜势力发展时，小之则发神经病、疯癫；大之则气馁自杀，此皆私我的自害害他的明证。就好的消极的方面讲，人之自我意志不能畅所欲为，表达才智时，则耽酒纵欲，如陶潜的归田痛饮；屈原的怀才不遇而自溺；裴枢的高标清流；贾谊的痛哭太息；明崇祯太息曰“君非亡国之君，臣皆亡国之臣”，没办法只好把不爱江山爱美人的福王送给敌人刺血和酒饮了。读者诸君，不要以为这些事情是偶然的，实际，我们每人的生命内都莫不具有这些自我思想细菌的潜在着，不过没有机会或环境太好，而没有突变的现象发生罢了。

自法国卢梭人权论出，世界革命以不自由毋宁死之口号，甚嚣尘上。慢说今日之什么曰民主主义、自由主义、新民主主义、国家主义、民族主义、个人主义乃至无政府主义的各种主义已成野心家口号上的幌子，甚至五千年来，我国《礼记·礼运篇》所说的“大道之行也，天下为公，选贤与能，讲信修睦；故人不独亲其亲，子其子；使老有所终，壮有所用，幼有所长，鳏寡孤独废疾者，皆有所养，男有分，女有归；货恶其弃于地也，不必藏于已；力恶其不出于身也，不必为已；是故谋闭而不兴，盗窃乱贼而不作，外户而不闭，是为大同。”不算过高的理想，不但始终未曾实现过一天；连《列子·黄帝篇》所说：“黄帝昼寝，而梦游于华胥氏之国，其国无帅长，自然而已；其民无嗜欲，自然而已。既寤，悟然自得，天下大治。”的理想华胥国，也未曾实现过一天。这些原因究竟在那里？不必说什么制度不良啦！不够民主啦！政治不上轨道啊！这不过是枝末问题；其根本论就是因为人类中的每一个人，都是先天具有一个自私自利的谬见妄执之我。从自私的我上，经种种学习经验，而有我见。我见，是每个人对每种事物道理的知识和见解。这些知识见解，是以自我为中心的，有了思想系统——见解，组织具体化，于是在政治上就有各种不同的什么主义、什么政策、什么方案的主张，在文化思想学术上，也就有什么理论、什么思想、什么实用哲学、什么理想世界。这些理论、主义，一经传播出去，能在世界社会人群中，生起一种名言熏习的信仰力量时，他那见解思想，就会汇合成为一种时代潮流的共同趋势了。因此，世界一切知识学术、思想见解，皆是依据个人私我的智能、社会的经验、历史的教训而产生的。人类学术思想，既皆以私我为出发点，而私我的对象势必就是你和他；有了人我之见，就有我是你非；我们是你们非；我们的见解思想正确，你们的见解思想偏差；我们是民主，你们是不民主。于是而引起无谓的入主出奴的烦恼竞争，竞争不已，愤怒而奔放的感情连行动以俱发，世界之战祸以此而起，造成人类惨酷的痛苦，美丽的自由平等安乐繁荣的社会，终于亿万年得不到实现之时。私我，是思想细菌的根本源泉，它是精神、知识思想营养食物中的毒素，无论谁吃，都会成为慢性或急性中毒的。

俱生我执，是思想病原细菌的根　人类的思想，也有极少数的似乎很清醒，在它清醒时（照佛学讲，除了彻悟般若真理，断除烦恼，得了解脱自在的圣者——罗汉——外，这世界上不会有真正清醒过的人，所以说："恒审思量我相随，有情日夜镇昏迷。"有情即人或动物之别名)，对于人类本身安乐幸福，战争破坏，利害得失计，偶尔也有顾及讨论到这些问题，可是，却从来未得到一个彻底良好的根本解决办法。纵然有，也只不过是头痛医头，脚痛医脚的扬汤止沸的治标办法，而不是釜底抽薪的根本大计。根本办法，非把人类每一个人从般若——智慧的卫生池——海中来一番涤尘荡垢的洗刷，彻底掀翻无始以来与思想俱生的先天病源细菌——我执中之我痴我见我爱我慢等——不可。真能把思想细菌老巢掀翻，人类心理思想，悉归于客观化；则人我是非，利害得失，一切皆归于平等大公无私的大同境地。我，佛教唯识学称之为末那，仿佛于弗洛伊德的潜意识。末那意译恒审思量，即无时无刻不在恒常审知思量爱恋着自我，生理的根身是我，奔放的情感，能思想的精神，皆莫不迷执着有个独立性的自我。自我，是一切思想、言语、行动表现的主脑，随这主脑而起的就有我痴、我见、我慢、我爱、我嗔、我疑接踵产生。由此而扩展成为人与人之间一切嫉妒、矫诳、欺诈、恐怖、愤恨、悭吝、贪婪、谄曲、忿怒、仇视、猜疑、轻信、固执偏见等不良心理现象，继此现象而起的是破坏快于建设，战争重于和平，形成人类混乱敌对、冰炭不相容的恶浊世界；安乐、宁静、自由平等，民主的理想社会，永无实现之时。柏拉图的理想世界，佛教的人间净土——极乐世界，那更谈不到有实现之可能了。世界的混乱，都根源于人类混浊的烦恼心理；烦恼心理又根源于我执，所以唯识学上说："烦恼障，品类众多，我执为根，生诸烦恼；若不执我，无烦恼故。"《俱舍论》也说："由我执力，烦恼诸生，三有轮回，无容解脱。"烦恼在生活与思想两方面都有，因它能烦扰恼乱，小之个人家庭，大之国家世界，故名烦恼。烦恼虽多，是以我执为根本的。如果说烦恼是贼，那么我执就是贼中的领袖了。

另一种的变态生活病原细菌　什么是生活方面的烦恼——病原细菌？这种烦恼有五：一是贪，贪是贪欲，对于现实社会的种种物欲生活，如名誉、地位、金钱、美色、口福、环境等，而生起一种强烈的渴爱，未得时拼命追求，追得了，又恐失去的一种染着不舍的心理。不知世界的物质有限量，而人类的欲壑（贪心）无穷，以有限的物质、名誉、权位（有些权位只有一个，如总统、帝皇；若个个要贪着这位，势非流血革命不可）、金钱……；供无穷无尽的欲壑，势非战争不可的。人人如此，世界还有安宁繁荣之时吗？所以贪欲的心理，是决不可染着和增长的，它是我执的帮凶者，人类混乱的重要因素之一。二是嗔，即是对上面所要求的名利权势等得不到满足，或遭到了阻碍、破坏时，立刻内心如火如荼的焚烧起愤恨的烈焰——嗔心——来，斗争从此开始。这种欲望权利斗争的状况，佛经说："趋求诸欲人，常起于希望（贪求物欲心）；所欲若不遂，恼坏如箭中（嗔火内焚如中毒箭一般）。"又说："随其技术，以自存活，或作田业（务农的）；或奉王事（做官从政的）。作如是业，求图钱财，若不得者，便生忧苦愁戚懊恼。……若得钱财者，彼便爱惜守护密藏。……亡失者，便生忧苦愁戚懊恼。……以欲（贪欲心为出发点）为本故，母共子诤；父子、兄弟、亲族辗转共诤。……以欲为本故，王王共诤，民民共诤，国国共诤；彼因共诤故，以种种器仗，转向加害；或以手杖、刀斫……”一部世界史，没有一页不是记载由贪瞋两个魔兄弟相夺相争遗留下来的血腥疮痕啊！然而试问人类，为什么要贪得无厌？贪而不得为什么要斗争（嗔）？难道不是为我吗？所以嗔的心理，也是我执的重要帮凶者，人类混乱的重要因素之一。此外还有痴、慢、疑等及思想方面病原细菌心理，详见唯识学及后章，兹不赘述了。

破山中之贼易，破心中之贼难　破山中之贼易，破心中之贼难。这两句话是王阳明说的，也是他从静动实践中得来的经验。为什么说这两句话，盖山中之贼有迹象可寻，有线索可找；而自己身中的我执偏见及由产生的贪嗔痴慢邪见等无形迹可寻的不良的心理和思想，那不但别人难以找寻，就是自己明知道自己的偏见，私欲要不得，甚至竭力想涤除它，可是，理智终究敌不过不良的习以成性的妄念呀！何况这些我执我见我贪等，皆与身俱生而有的呢？所以阳明说破它很难了。阳明在贵州龙场，终日兀坐，做过一番彻底的工夫；出剿匪，匪自投降，这都是他的人格修养和丰富的经验得来的。一般心粗气浮通俗之士，对自我认识模糊，人生观只是耳目眩于淫声美色，心思疲于名利权势，哪里会知道自己置身在镜花水月的场合，终日萦怀人我得失，悲离欢合，奔走钻营，实无异优伶演剧。即或读一点书，稍明礼义人格的道理，失意时，不妨独善其身，感发千古；得意时，雄荣万世，左顾右盼，怡然忘形，未必能兼善天下；然亦犹梦过屠门而大嚼，还不是个可笑可怜的迷途羔羊，哪里还谈得上破什么心中之贼呢？这心中之贼若不加以剿绝或降伏，人类的一切知识、学术、见解（思想）和生活的占有欲，都会直接、间接造成损害他人的一切利益以自肥的。有敌无我，有我无敌，敌我不能并存的仇视态度，适与人人为我，我为人人的互助美德精神，完全对消而成反比例了。世界上有些学者、思想家、政治家、道德家，虽也煞费苦心，预为人类计划建立幸福安乐、民主和平、自由美丽理想的社会而工作，如联合国的组织等。可是，终因为各人的利害关系，和平安乐的理想世界，仍如梦幻泡影。这就是执于我，动于欲，蔽于私，间形骸而分尔我之故。联合国中一切不合理的矛盾现象，永远得不到合理的解决；人类自相矛盾的思想行为，也永远得不到合理的调和与统一，思想家、哲学家、科学家，一齐起来，努力为人类思想作卫生消毒的工夫吧！

后天的思想细菌

分别我执是蒙蔽真理增长邪见的根苗　又名经验的

私我思想，在唯识学称为分别我执，因它是后天学习得来的知见分别。例如：我们生下来，根本不知道什么叫作灵魂，也不知道有个人类意识造出的上帝或梵天；但后来听到了那些扯谎固执，子虚乌有的迷信神权者流的传说，与老师的教育熏陶，有个什么万能的神，能造世界万物，连人类一颗灵明洞彻智慧（指良知一部分）之心，也说是神造的。于是一般没有博学、审问、慎思、明辨科学头脑的人，都信以为实，硬强把自己作为可怜有罪的羔羊，去崇拜那虚无不可用教育、科学、历史经验的童话之神，作无谓的屈膝、祈祷、忏罪。这完全是后天由邪师邪教见分别而生起一种不正确的愚民智识或原始低级宗教而来的。因信奉者囿于先入为主的偏见固执的缘故，于是把所有宇宙间一切可知，都归功到一个不可触知渺茫的神了。这种邪师邪教邪见的谬误，不知障蔽埋没人类若干天才和智慧。信仰的就得救，不管如何坏法，一定可以得蒙恩召，上生天国；不信者虽是世间第一等有智慧有功德的善人，终究永远要被遗弃打入地狱不得超升。这种顺我者昌，逆我者亡的独裁的帝国主义横暴政策毒素神权教说，就是后天的思想病原细菌。

党同伐异，百战百败　后天思想病原的顽疾，不但以神权迷信邪教者为然，知识分子，其病尤深。越是知识分子，越是固执成见，养成一种执是为非、习非成是的独断个性。这先天和后天的两种思想细菌——俱生我执和分别我执，虽号称亚圣的贤如孟子，也免不了党同伐异的错误思想。他看到当时儒家日落千丈，一般学者的倾向不入于杨，便入于墨，他不惜忘却孔子的“毋意、毋必、毋固、毋我”，书同文人同伦的伟大精神，而兴杀伐之气；不惜大骂学术思想家的杨子和墨子为禽兽异类！连他自己说了堂而皇之许多仁义之道，也不管矛盾自攻了，他见别人不入于杨，便入于墨而却忘记自己入于儒了。这种入主出奴，他非我是的观念，全系门户之见，后天的私我知识作祟之故。

朱晦庵的门生们，斥王阳明的学说为洪水猛兽，平心而论，王阳明许多东西，比朱子要来得高明一点，因为朱子的后学先入为主，再加以老师的教训，不免感情冲动，遂发出这种无理智的见嗔的我见了。这种思想细菌，是由学习得来的。不但朱子的再传学生如此，历代理学家，无不如此。

朱晦庵的思想细菌尤为特色，他教人排斥佛教，打倒佛教，但切不要看佛经，他并不是不知道知己知彼，百战百胜的方法，他知道佛家有太好的理论，非儒家可比，他的闭门政策是：“儒者，若欲待看通佛经，再来辟佛，佛典未看通，早被佛降服去矣，如犹人于关河上行，不知不觉，便行入番界。”他的意思是知己知彼，必遭到百战百败的危险结果的。他与今日一般低能儿的神教徒是一样用愚民政策。神教徒开口佛教是迷信，是魔鬼宗教，而他们压根儿就不知道佛教高深的哲学，优良的文化，崇高理想的人生观，而硬说它要不得。这种不学无术的传教师（百分之九十七以上），实是完全中了代代相传的遗毒——邪师邪教的分别我执——而不自知。朱子又说："佛氏之学，原出杨墨，后附以老庄之说。佛典仅《四十二章经》为古书，其他悉中国文士润色而成。"朱子在一般读书人的心目中，莫不认为他是硕儒，而居然说出佛教学说，原本出自杨子和墨子，到后来又附以老子庄子之说而成，竟一点世界学说常识也没有。又说"佛典仅《四十二章经》为古书，其他悉中国文士润色而成"。中国文士竟能润色成为万卷佛教三藏的大藏经，连数百名中外翻译佛经的留学生大学问家的和尚，也被朱子一齐否认和抹杀了。这种贪入圣庙，想享千年大祭吃冷猪头的硕儒——朱子竟变成一个庸俗一无所知的可怜盲人。

我回忆读私馆时，馆的礼堂贴着一张大红纸，上面写了三行大字，当中一行为大成至圣先师孔子之位，左边朱程周张，右边颜曾思孟的八个人的姓氏，而且竟把朱子抬得比孔子都自叹不如的颜渊还要高哩。(《论语》：子谓子贡曰，赐也，汝与回也孰愈？曰：赐也，何敢望回？回也，闻一以知十；赐也，闻一以知二。子曰：弗如也，吾与汝弗如也。）那时我也随着庸俗的老师，学着苏东坡瞎赞文起八代之衰的韩愈和朱子为了不起的大儒，觉得儒家必须反佛，否则不足以为纯儒，后来知识的圈子一天天广博起来，才知道狭意识是儒家，完全是一种偏见固执、嫉妒仇视，在一种谬误错觉主观成见意识之下，把所有客观环境和真理学术，一概加以排斥而焚之。它竟与欧洲文艺复兴以前的基督教相同，那时在基督教压制之下，所有哲学家、科学家、思想家，都在扼杀之内。抬头再看以儒道自任的韩愈，一方面把博爱之谓仁的假面具戴起来；而在另一方面不惜使出人其人，火其书，庐其居的毁灭残忍手段来。难怪孔子亲亲而仁民，仁民而爱物的一线仁爱主义的命根，竟遭这许多自命不凡的庸俗大儒（宋明清理学家，皆其衣鉢真传之一流人物）而腰斩了。这种抹杀事实的狭意识的仇视嫉妒的思想病原细菌，侵入影响到政治学术界去，成为普遍流行性大伤风，纵有 APC 伤风灵，也就失去作用了（关于宋明学家攻击佛教，笔者草有“宋明理学批判佛学之批判”一稿，尚未整理好，末后附上自汉唐，下至清、民国，历代学者对佛教攻击，概用客观态度加以批判）。我写到这里，有位老友见访，他见我案头堆满了稿子，轻松地问道：又在忙着写什么？我笑而不答，把稿子往他手里一送，请指教！侍者端上一杯茶，他一边喝茶，一边阅稿，三十分钟就阅完，发出一个问题：朱考亭（晦庵）这种说法，的确太过幼稚，偏见和无知，而他的动机，究竟在哪里？你真的不懂吗？还是伪装不懂呢？他的动机不必说，听我一桩故事，就会明白了。宋朝张商英一日入僧寺，见到佛教藏经很多，而且非常严密，大加恼愤，回到家里，躺在床上，不能入睡，半夜里再从床上爬起来，他太太向氏问夜这么深，做什么又要起来？他说草无佛论。太太说：无佛则无用乎论，有佛始着论耳。他后来读《维摩诘经》忽有所悟，从此信佛，参访当时常聪、印可、从悦、佛果圜悟、大慧宗杲等禅宗大师，大有省发，开拓心境。他著有《护法论》引证了《金刚》《法华》《楞伽》《圆觉》《楞严》诸经。对于排佛者远如韩愈，近如欧阳修、程伊川等，均以为浅薄可笑；且比三教如药，以为儒治皮肤之疾，道治血脉之疾，佛治骨髓之疾。张子从想著《无佛论》的敌对排佛态度，转而信佛而著《护法论》，这难道不是朱子说“若想看懂佛经，然后辟佛；犹人在关河上走，不知不觉就走到番界去矣”的明证吗？其次是中了名毒想吃冷猪头。老友听了，放下茶杯，雀跃抚掌说：伟矣哉，妙论也！使余茅塞顿为之开。

禅师超过孔孟学者皆归于佛　侍者送来一盘血红而

芬芳四溢的西瓜，我跟老友一边吃西瓜，一边仍就继续讲故事：宋代大政治家王安石一日问张方平，孔子去世百余年而有孟子，其后绝而无人；或虽有之，不足为醇儒，如何？方平正言道：岂无人耶？亦有过于孔孟者矣！安石问为何人？方平曰马祖道一、汾阳无业、雪峰义存、岩头全奯、丹霞天然、云门文偃，这些大老，皆超过孔子孟子。安石听了方平的话，愕然不知所为。方平恐他不明底细，复加解释说：原因是儒门淡薄，收拾不住，皆归于释氏矣！这正是孔家池塘小，养不了鲸鱼的意思。安石听了方平的话，乃叹服不已。后来又把方平的话告诉了张商英，商英抚案赏之，以为至论。老友听完了这段故事，沉思了半响道：朱晦庵，宋人而排佛，安石、方平、商英亦宋人而崇佛，难道是朱子的见解学识不如方平吗？还是故意抹杀良知和事实而欺骗学人呢？或者以为不如此，则不足为纯儒呢？侍者送上毛巾，并收拾了残存狼藉的瓜皮，抹完了桌子，立正合十道：侍者放肆，敢代师劳一答，何如？老友颇感诧异。我欣然点头。侍者说：绝非朱子见识不如方平，入儒而奴佛，乃儒者一贯传统作风，相习成性。彼既自诩为儒者矣，儒者必上有所承而下有所传之道统，孟子斥杨墨为禽兽者，其蔽同也。朱子所承传之学术思想其偏颇之意识形态并无不同也。此种井蛙不足以语海，夏虫不足以语冰之流，卒不能越出执于我，蔽于私，间形骸而分尔我之偏见范围。人一有此偏见，即同戴上有色眼镜，凡百事理，皆变成彼所见之颜色矣。然彼所见者确如此，奈何？除放弃成见，扩开知识之圈，立于客观地位外，无他办法可想，此正所谓后天思想细菌者也？老友听了侍者这番话，频频点头不已曰：狮象之见非狐种！

前车之覆，后车随之 净头（扫涤厕所者）玄测，正在窗外阅最近香港出版第十二卷第一期的"人生"，他听见我们在谈话，特地注意细听。我们的话才停止，他立刻跑进来说：适在窗外，听你们在谈什么儒呀佛呀，后天思想等问题。这里——人生——有篇牟宗三先生讲的人文讲习录里的理与事，他在最后答朱守毫先生之问，似乎又有点排佛的气味，特送请一阅。我说：不如你念给我们听吧？他爽朗地念道。又问：主体之心建立后，是否一定有创造？先生曰：仁是先生不已的，只要是主体之心建立，则一定有创造。所谓唯心论，即在这一点上讲，其余的均不可。儒家之心为仁，故有创造。道家佛家之心为觉照，非仁，故无创造。所以儒家要辟佛老。玄测念完道：牟先生这段答话有没有毛病？对不对题？那么，你既先看了，不如把你个人的意思说出来，看对不对。他看了看我，微笑着说：我不敢放肆，但长辈之命不敢有违，说得不对，请予指正！我记得师曾经叫我阅了许多熊十力的《新唯识论》《十力语要》《佛家名相通释》等一类的书籍，仿佛记得牟宗三先生是熊十力的得意学生，熊十力每一本书里都提及牟宗三先生的。我的结论是：一、牟君是熊十力的学生——衣钵真传的杂牌理学家；二、熊是佛学大家欧阳竟无的学生，佛学学通了，但孙悟空神通虽大，终打不过如来的手掌，只有反老师而另立派别，作新书以打倒老师及佛家。把唯识学的真货，改头换面，套以儒装，复剽袭宋明理学及诸子百家点缀其门面，而又抹杀之，否认之，俨然像一个穷富翁。什么叫穷富翁？他好比一个见多识广，交际很宽的交际向导者，租得一座房子，把所认识朋友们的古玩、家具等都借来，陈列布置他的房子、客厅、书斋、卧室，一件一件都加以油漆，或换上新套。其实，这许多新贵的东西，皆非己有，全是借来的啊！熊十力窃取佛教唯识之学而却故意作庇，说世亲错了；他窃取了宋明理学家及诸子百家的学问，又说他们的见解不对，要否认他们。这和借来了朋友的东西，又否定了朋友的东西是一样的技俩。他这种做法，原非己有，不过是剽袭了宋明理学家"儒表佛里"的遗风罢了。三、凡儒家或理学家（所谓儒家，指朱子之流的理学家，如近代之熊十力先生等。至于读了五经四书，或登科取士的人，朱子认为是文士，不得称为儒家正统，读书之士，望切勿自作多情!）都逃不了辟佛老，黜百家的老套。这种狭意识的儒家，是染上了先入为主的严重思想毒菌之故。理学家之打倒佛家与诸子百家的作风，跟五四运动的一些人物打倒孔家店，尽量破坏中国固有文化历史，是有异曲同工之妙的。话说得离题太远了，扯回来吧。熊十力是唯识大家欧阳竟无的学生，对佛学认识相当深刻。唯识学，每一心理的分析，都标明了体、相、用的；而熊十力的书中说佛家有体无用、儒家的大化流行才是大用。他如此的说法，书中至少有五十次之多。只要我们不是患色盲或心盲的话，随便打开一部佛书，都可以找得出体相用的复合词的。这就是说，宇宙万有，无论是动、植、矿物，莫不各有各的自体、相貌、作用的，至于讲到心、慈悲、智慧亦莫不具有体相用的标志的。阿赖耶是人生宇宙的本体，宇宙人生所有活动——大化流行，都是依它而建立起来的，真常唯心论的真如门，具足了生灭的大化流行的作用与不生不灭的本体和合为一的说法。《六祖坛经》也说“何期自性，能生万法，何期自性，本不生灭……”能生万法是生生不已的大用，本不生灭是如如不动的本体论。难道熊十力真的不懂吗？还是故意装作不懂，硬要昧着良心，闭着眼睛说佛家有体无用，儒家有体有用？牟宗三先生的意识形态，当然脱不了熊十力传染影响的，所以他说：儒家之心为仁，故有创造的话，试问千古以来贤达如颜渊，也只落得其心三月不违仁；孟子创造了痛骂杨墨是禽兽之仁；朱子创造佛氏之学原出杨墨，后附以老庄之说。佛典仅《四十二章经》为古书，其他悉中国文士润色而成的千古荒谬绝伦的大笑话之仁；今牟宗三先生，高居大学宝座，若不高唱把儒家生生不已主体的仁心建立起来，儒家就不会有创造了；儒家之心无创造，岂不只有把儒家的皇冠扔掉的危险吗？他觉得儒家是个空洞的名词，没有内容，所以非把唯心论搬出来作纸老虎，作儒家的挡箭牌不可，所谓唯心论，即在这一点上讲，其余的均不可的了。牟先生既主张唯心论，崇拜唯心论，又知道佛家的主观唯心论和客观唯心论均较西洋唯心论为优，而他却硬说：佛家之心为觉照，非仁，故无创造，所以儒家要辟佛老了。牟先生这种说法，究竟何所据而云然？三界无别法，唯是一心作，作，不是创造是什么？三界唯心，万法唯识，应观法界性（宇宙万法的生起存在），一切唯心造。这些佛学常识的口号，难道牟先生都没有听到也没有看过吗？知己知彼，才能百战百胜的，牟先生既一点佛学常识也不懂，就说所以儒家要辟佛了，未免太早了一点吧？牟先生真想要辟佛，请把三千卷真常唯心论的大乘佛经读通了之后，再来辟佛也不算迟！讲到儒家的仁，孟子以前，还有半仁主义的色彩，孟子以后，成为麻木不仁的无仁状态，反为佛教慈悲（全仁）所吸收去了（请阅蔡念生先生所著《人生漫谈》）。恻隐之心人皆有之。见其生不忍见其死，闻其声不忍食其肉，是以君子远庖厨也。试问千古儒者有几人能做到？儒家之心为仁，究竟仁在那里？反观佛家慈悲的美德，流行世界近三千年了，时间之久，地域之广，不但从来未曾与任何民族、文化、宗教发生过冲突，流过一滴血，甚至连极弱小的动物也在救济爱护之内。儒家许多亲亲而仁民，仁民而爱物的好道理，压根儿就被后来的假儒迂儒们扼杀净尽，还说什么仁是生生不已的，儒家之心为仁，故有创造的话？何况儒家根本上就不是唯心论者？拿唯心论作儒家的核心思想，不但此路不通，而且有违孙中山先生总括宇宙现象，要不外物质与精神二者；宇宙进化有物质进化之时期，有质象可求；再说物质建设的遗教和真理。不但孙中山先生承认自然界有精神和物质的存在，我敢说牟先生离开了物质根本就不能生存。总之唯物唯心的老调，久为学术思想界所不谈；而牟先生还觉得津津有味，难道儒家的正宗真是如此的么？牟先生说：佛家之心为觉照，非仁，故无创造。佛家之心究竟是仁还是非仁，有创造无创造，在前面已讲过了。只是牟先生根本未曾理解觉照二字作何训释，其含义为何。也难怪，因牟先生所学的是杂货理学，又哪里能了解佛学呢？硕儒如朱子尚且如彼，又何况牟先生耶？觉是 Bodhi 的省称，具足应称 Anuttara-samyak-sambodhi，义释无上正遍觉，是佛智名，即一切真理之无上智慧的意思。照是 Prajna 的义释，《法华义疏》卷四：无境不照，名为般若。照是净尽虚融，潇然无奇，理圆言遍，主观和客观，事与理，心跟境统一的境界，这种境界，是超知识的，超智慧的，所以把这种境界，勉强叫作照。如果要形容它是很难的，勉强说照是太阳，知是荧光；照是虚空，而知是牛蹄。普通知识或思想，知其一而不知其二，知彼而忘此，知有而忘无，知自而忘他，知前而忘后，知古而忘今，知近而忘远，知大而不知小，知彼而不知已，知物质而忘精神。有所知则有所不知，如蛇只知一心捕蛙，而不知捕蛇者随其后也。故佛之知不名知而名照者，如阳光之照万物，明镜之鉴形影，虽无分别，但妍媸毕露，春风之扇万物，虽无分别之知，却有化育之功。所以孔子也说：天何言哉！四时行焉，百物生焉。照字的道理太渊博，七百多卷般若经，皆觉照二字的注脚，牟先生可曾阅过？总而言之，像牟宗三先生这类的儒者是苦闷的，抑郁的，要内圣圣不得，外王王不来，纵然有些想从学术上作立言以成名，结果是对竹呆坐去做格物致知的工作罢了。玄测说到这里，香积厨已敲云板了，一同吃饭去。老友许效渊和老友侍者智剑，一边吃饭，一边讨论知识分子的后天思想成见最难涤荡，这种思想里的病原细菌，非破除见惑时，是不易廓得清的。智剑说：最妙的是只要是主体之心建立，则一定有创造的矛盾命题，牟君所谓主体之心究竟作何解释？如果说主体之心是先天本来有的，则建立二字根本不通，如地上原已有了房子，不用再为建立房子了；如果说主体之心是后天学习而成的，则可用建立；但后天成的东西根本谈不到唯心论或生生不已的论题上去的。何况仁，只是吾人心理上一部分伦理道德的东西；如佛教的慈悲，不能包括全佛教（如智慧、真理、道德、宗教、哲学、科学、艺术、戒律、慈善等）是一样。复次，牟君所谓主体之心只是儒家们才有？还是所有人类或全动物皆具足有？如果说凡动物或全人类都有此主体之心，那么为什么说佛教没有？这不是明明显出儒家之仁是狭意识的邪见、偏差的、不完全的证据吗？如果说主体之心只有儒家的人才具足，那简直是痴人说梦，只是骗乡下土包子。人皆可以为尧舜，尧舜古圣人，人人尚可为，岂佛家的人没有仁心吗？如果说宇宙万物生生不已是仁，那是不对的，人生人，竹生竹，瓜生瓜，豆生豆，但不是仁呀！一个大学教授，随便信口开河，那是不可的！儒家之心为仁，故有创造，此创造究竟如神权者神话上的上帝六天六夜创造宇宙万物一样？还是如工程师建筑房子、桥梁、飞机、火车一样的创造？还是如文艺工作者创作小说一样？儒家的心究竟如何创造法？请牟先生用科学的方法加以说明，切不可踏那玄学上玄之又玄，众妙之门模棱两可的覆辙啊！知之为知之，不知为不知，是知也。牟先生是大学教授，不能不明白指出儒家唯心论的根据。望牟先生不要再把许多青年人的头脑弄得糊里糊涂，走到牛角尖里去！现在是开明的科学时代了，闭门造车，也得要开门试车才行。若是个大通家，一定不落恒蹊！一定不把自己的思想，知识困在一个狭小的范围内来作自我的陶醉！牟先生如果想成一个唯心论的博士，我可介绍牟先生虚心踏实去研究唯识学和数千卷大乘真常唯心论的经论。那里边不但有超越任何西洋哲学的理论，而且还有合乎科学方法理论的最高价值和原则，这原则价值，虽历万古而常新的。切不要滞牛蹄而忘大海，恋荧光而蔽日月！牟先生是大学教授，是理学家，莫要将错就错，一辈子混下去算了吧，又切不可存自己是儒家的、理学的，何可再看那儒家所要打倒的佛学呢？这种观念尤其要不得，真理是公的，理智的，如日月经天，江河行地，有目共睹，何可以私情己意而好恶生奴其间？孔子尚有："加我数年，五十以学易，可以无大过失"的学而不厌的精神，何况我们？希望牟先生，放弃先入为主的错误成见，以客观的态度，公平的眼光，公开展览天下的真理，是不失为一个求知的好榜样。错，并不打紧，最怕的是将错就错！

清除缺乱的学术知识，保护思想卫生的健康 孟子说：“尽信书，不如无书。”这就是说世界上有许多不圆满不健全的著作，不但不能启发人类的真知识、实学问，读它反而增加一脑儿古董臭气和顽固思想，甚至增加思想中的毒素造成全人类的混乱和痛苦。唯物史观、唯物辩证法、天演论（进化论）、观念论、唯心论，乃至中外古今许多矛盾的著作，真是不胜枚举。这些是思想偏颇方面的；有些书，根本毫无价值的，读完一部书，不知内容何在！习斋痛斥“率古今之文字，食天下之才智”，就是指那些缺陷零乱的书本知识而言。亚里士多德的政治学以为“天地生草，乃为畜牲预备食物；生畜牲乃为人类预备食物或器具”者，这正与神权者神造万物一样的荒诞。所以有人嘲笑目的论者说：如果什么事都有目的，人所以生鼻，岂不也可以说是为架眼镜么？达尔文、拉马克等生物学家，倡动物同一种源之说，遂认人类的祖宗是畜牲，多少科学家，睿知深思的哲学家，也都居然承认自己是阿米巴或猿猴的后裔，巴斯格说得好，单凭人类是禽兽，而不指出其伟大处，是危险的。我有个老友，是教生物学的。我另有一个在家徒孙在他那里读书，他提到人是猴的子孙，这当然是受教育的影响。后来我把他说服过来，叫他莫叫张先生，叫他畜牲张，看他怎样？可是他发脾气，还要打学生，要把他侮辱教授论处；但他不慌不忙地说："张先生！你昨天不是说人的老祖宗是猿猴进化而来的话吗？难道你今天就不承认了吗？你要维持人类人性的尊严，除非推翻进化论，否则人类自尊心是永远抬不起头来的。"说得老友真是进退维谷，啼笑皆非。他后来知道是我叫他做的，跑来大骂我一顿，我则抚掌狂笑了之。自此，我们时常讨论进化与退化各方面的问题，他才肯服输，才肯虚心承认他那一知半解的信仰知识是靠不住的。前面说过，愈是知识分子，其思想愈顽固而难化，所以宗教，学术界聚讼千古，莫衷一是，莫不由于所受不完整、缺陷零乱知识的影响之故。《众义经》说："各各自依见（见解、思想、知识），戏论起诤竞，知者为知实（执自所知者为确实真理），不知为谤法。……若依自见法，而生诸戏论，若是为净智，无非净智者。"如佛教各宗派学理的论争。基督教骂天主教为妓女宗教，而天主教骂基督教为私生子宗教，真耶稣教会把所有其他关于耶稣皆视为假耶稣教，这究竟教人何所适从？这种宗教之间的斗争，难道是应当如此的么？许多修往生净土的人，讥骂研究教理的人，说是说食数宝，画饼充饥，但他却顽固到叫他们的同人连《心经》也不准念，难道这也是正见正知的善知于法吗？佛法衰微，实末流有以致之。

知识之所以缺陷，是由于私蔽之故 人有所知，则有所不知，有所好必有所蔽，所以世界缺少全盘的大通家原因就在此。孔子说："好仁不好学，其蔽也愚；好知不好学，其蔽也荡；好信不好学，其蔽也贼；好直不好学，其蔽也绞；好勇不好学，其蔽也乱；好刚不好学，其蔽也狂。"所以古人叫我们百战不胜，不如一忍的深意也就在此。荀子《解蔽篇》说：诸子有所蔽而缺真知。他说："墨子蔽于用，而不知文；宋子蔽于欲，而不知得；慎子蔽于得，而不知贤；申子蔽于势，而不知知；惠子蔽于辞，而不知实；庄子蔽于天，而不知人。"又《天论篇》也说："慎子有见于后，无见于先；老子有见于诎，无见于信；墨子有见于齐，无见于畸；宋子有见于少，无见于多。"据此引申而论：达尔文等蔽于物种学之根原，而不知人，竟倡阿米巴、猿猴为人类祖宗的谬论；亚里士多德等蔽于物我一体之仁爱，竟倡"天地生草，乃为畜牲预备食物，生畜牲乃为人类预备食物或器具"的荒谬绝伦的目的论；基督教蔽于神，而不知人；目的论蔽于物质，而不知精神、智慧、情感伟大的心灵。司马迁蔽于卫生营养之学，作《伯夷列传》曾慨然说："天道无亲，常与善人；若伯夷叔齐，可谓善人者？非耶？积仁絜行，如此而饿死；且七十子之徒，仲尼独荐渊为好学；然回也屡空，糟糠不厌，而卒早夭；天之报施善人，其何如哉？”司马迁不如伯夷、叔齐、颜回之流，住荒山，居陋巷，食不饱，衣不暖，眠不足，风雨霜雪浸于外，忧患名闻攻其中；病复缺乏医药，蔽于不食周粟之愚习，乐道而忘养身之偏见，然而营养卫生之法，又焉得不受冻馁而早夭？这非受必然的因果铁则淘汰不可的（早夭是果，不注重营养卫生是因）！道教蔽于长生，基督蔽于永生，而不知无常无我之真理；好战者蔽于兵勇器利，气凶力壮，而不知败亡死伤之惨；学者蔽于立理据辩，而不知理有时穷。总是以观，天下无蔽于见者，不可得而有也。

认识有缺陷，是非无标准　人类学术思想之不健全，还有一种大缺陷，那就是我们的认识能力可不可靠？如果能认识的精神心理都不可靠，则对于所认识的事物本身的是非真伪和价值，就更无法定其标准了。尤其是个人与个人之间，乃至国际与国际之间，为了彼此的直接或间接的切身利害关系，往往把是非善恶正义道德，抛到九霄云外去了。例如“窃钩者诛，窃国者侯”，就是最好的证明。宵小、鼠辈之类，往往受到法律的裁判而处死刑；但造反叛逆的奸臣们，把君皇杀死，自己夺位做起皇帝来了，试问谁不向他庆功道贺而摇尾乞怜呢？万古以来，许多冤苦无处诉，只有强权，绝无公理！法律只是欺侮者的铁链枷锁，强盗侵略者的字典里，是找不到法律、公理、道德等名词的。寸心似可空成败，万古何曾有是非？余岂故作此牢骚感慨语耶？

恍惚迷离，觉梦难辨　这段与上节是相联的，不过举出列子《周穆王篇》里的一个故事，拿来证明我们的认识和被认识的事理，那是恍惚迷离，觉梦难分罢了。故事是这样的：

郑（郑国，周朝时立，今陕西华阴县西北一带）人有薪于野者，遇骇鹿，御而击之毙之。恐人见人也，遽而藏诸隍中，覆之以蕉。不胜其喜，俄而失其所藏之处，遂以为梦焉。顺途而咏其事，旁人有闻者，用其言而取之。既归，告其室人曰："向薪者梦得鹿，而不知其处；吾今得之，彼直真梦者矣！"室人曰："若将梦见薪者之得鹿耶？讵有薪者耶？今真得鹿，是若之梦真耶？"夫曰："吾据得鹿，何用知彼梦我梦耶？"薪者之归，不厌失鹿，其夜真梦藏之之处，又梦得之主。爽旦，按所梦而寻之，遂讼而事之，归之士师。士师曰："若初真得鹿，妄谓之梦，真梦得鹿，妄谓之实；彼真取若鹿，而与若争鹿；室人又谓梦认人鹿，无人得鹿；今据有此鹿，请二分之。"以闻郑君，郑君曰："嘻！士师将复梦分人鹿乎？"访之国相，国相曰："梦与不梦，臣所不能辨也；欲辨觉梦，唯黄帝、孔丘；今亡黄帝孔丘，孰辨之哉？

且徇士师之言可也。”

列子这段觉梦分鹿之辨的矛盾的命题，若诉之以法律，验之以证据，亦难辨其是非真伪，只好梦分人之鹿作罢了事。知识、事境、认识、思想是非，是混乱缺陷的多，清澈圆满的少。要想思想达到卫生化而不含毒素，除非清除世界上许多偏差零乱缺陷的伪学术伪知识。

事理，模棱难决、逻辑匪易命题 宇宙间，毕竟有许多事和理，是无法用逻辑解决的，原因是事物的本身具足了是与非的模棱性，这种内在本身的矛盾律，纵有雄辩悬河之口，也不能下一句斩钉截铁的断语或命题所可奏功的。曾经看见一本书上，记载关于雨究竟是有益还是有害的问题。大概是十九世纪中叶的俄国哲学家们，对当时的时髦而疯狂崇拜唯物辩证的信徒，诘询雨对于收获究竟是有益还是有害的？要求他们用辩证法给一个斩钉截铁的命题答案。可是辩证的信徒们说：“这样提问题是完全不科学的：在天旱的时候，雨是有益的；而在多雨的时候，则是无益而且有害的。因此，要求对这种问题，给一个斩钉截铁的答案，是显然的愚蠢！”雨之为物，能润湿干燥的土地，保护播下的种子，并使种子发芽、生长；但在另一面，也能淹没禾稼，排山倒海，所以我们可以主张天旱时，雨是有益的；在其他方面，又可以主张在多雨时，却是无益而且甚至是有害的。这两种主张，皆持之有故，言之成理，不能判别谁是谁非。可见吾人对于事物本身的认识则易，而在逻辑上想作真正两无谬误的矛盾命题则难，甚至说殆不可能的。所以雨究竟有益还是有害？谁也不能作肯定的主张。辩证方法，到此也无法施展其伎俩，只为骂他们是显然的愚蠢货了。其实，宇宙间相类的事情太多了，记得列子《汤问篇》有段关于孔子见二童子辩日近日远的话："孔子东游，见两小儿辩斗，问其故？一儿曰：我以日始出时去人近，而日中时远也；一儿以日初出远，而日中时近也。一儿曰：日初出如车盖，及日中则如盘盂，此不为远者小而近者大乎？一儿曰：日初出，沧沧凉凉，及其日中，如探汤，此不为近者热而远者凉乎？孔子不能决也。"这宗辩论，若在现代科学家——天文学和理学家——看来，当然有欠精审；但在二千四百多年前的知识程度看来，的确认为两人的主张，都是无懈可击的。在孔子至少认为是，而无法纠正这种是与非的肯定判断，唯有任其谬误的矛盾下去了。宇宙间的事物和知识，像这一类的例子真是太多了，如果让其长期发展下去，人类思想的发展将会受到塞窒的危险。

思想卫生法

思想卫生为文化所急需　混淆的铁矿，可以炼成坚固光华的不锈钢；但必须把腐蚀钢铁的因素锻除尽净，然后才能成为纯净的不锈钢。极平凡的碳素，可以成为光芒四射晶莹夺目的金刚石（钻石）；但必须经过高度强压的力量，然后才可以成为结晶的金刚石。人类知识中的学术思想，可以成为裨益世界文明的发达，推进社会的繁荣，维持和平、安乐、幸福于不坠的精神堡垒；但必须把腐蚀麻醉堕落人类不良的思想病原细菌涤除净尽，归于净化，然后才成为人类纯净良善有益的学术思想。是故铁矿，不经过高度的锻炼，不能成为纯净不锈钢；碳素不经过强压力的压抑，不能成为结晶的金刚石；思想中的病原细菌不经过理智——般若——的升华（养生滤净），不能成为无害的至善的学术思想。世界没有纯净无害的至善学术思想，则人类社会便永无持久和平、安乐、幸福可言。是故思想学术卫生化，为今日世界新文化运动所急需！

取下有色眼镜，否定主观成见　这里所谓有色眼镜，系指前面先天的思想细菌和后天的思想细菌而言。为什么一定要否定主观成见的有色眼镜？就拿那些以革命的姿态，以雷霆万钧之力，破坏一切，扫荡一切，打倒孔家店，摧毁道德伦理和宗教信仰；举凡旧有的，都在摒弃排除之列的所谓“革命行动”。他们觉得西洋人屙的粪都是香的。结果旧的一切如疯如狂的破坏了，新的一点也建立不起来，青年人的脑子成为真空地带，尽失所守。可是，我们再回头看看，西洋人对我们的文化的看法又如何呢？

怀特黑说："中国文化，境界高超，为世界文化最壮大之脉，历史绵远，其艺术文学与人生哲学，我们了解愈多，仰慕之心愈至。"

罗素也说："假如我是中国人，研究中国之法，我便觉得要保守，方能改进，因中国文化之人生哲学，确高出西方之上，许多是西方所无。中国人应当调和两个东西，使不生冲突。中国人如果什么都要模仿西方，我就为中国悲伤太息了。"

为什么西洋人对我们要撕毁的反而加以赞扬，主张保守？这就是他们取下了有色眼镜，站在客观的立场，不加丝毫感情用事；同时他们对中国文化确有深刻的认识和见地，并非跟着后面摇旗呐喊人云亦云者可比。别人为我们五千年源远流长的文化被唾弃而加以悲伤太息，我们却弃之唯恐不速，这难道不是吃了戴有色眼镜的亏吗？再来看一看保守国故、国粹的学究们，又是怎样的态度？言必称尧舜；行必师孔孟；科学乃形而下者；只要内圣外王之道，足以治天下也；天不变，道亦不变；古之天地日月与今之天地日月，无有异也。为何道而独变乎？饿死事小，失节事大，竟把衣食足，然后知荣辱忘得一干二净了。半部论语，足以治天下，何用现代西洋科学知识呢？六经以外无学问，强国之道，当于六经中求之，世界文化学术于我何有？这不能说不是吃了泥古的亏！这不能说不是中了文以载道，代圣人立言的迂腐传统思想之毒了。保守者，虽然声嘶力竭喊着古学将要沦亡了、古书不久无人读了的悲调，高举着保护国学或国粹的旗帜，发出救国学之将亡的哀鸣，然终敌不住风狂浪涌的新潮流新风气和文学革命军的破坏威力而倒下去了。重古而轻今，保旧而拒新，固然是要不得，趋新而抑旧，媚他而卑己，也是病急乱投药，都不是根本办法。于是调和者高唱中学为体，西学为用的调子，什么中国是东方精神文化堡垒的代表者，科学是西洋物质文明堡垒代表者，二者均须加以保守与发扬，喊得震天价响，结果是新既新不来，旧又旧不得，和也和不了的尴尬局面，而五四运动的新革命者，却个个走上学而优则仕的道路去了。新旧之争，于国事何益？于学术思想何裨？总之，这些新旧的近视学者们，各人都戴上不同颜色的平光眼镜——成见（照理，近视者应当戴近视镜，才能看远，戴平光有色镜，不但看不远，而且什么东西都变成颜色，失去事物的真相了），以先入为主的固执有色眼镜，没有看清时代和自己的国家所需要，别人的文明所由来，一味盲目作新旧无谓之争，根本未能把握到学术和国家所急需的中心问题，所以近半世纪来，除了热闹争执外，试问成就些什么？学术何在？五四运动的健将胡适博士，只成就了半部《中国哲学史》，这是胡适博士二十多年前在北京大学写的，上半部出版了，得到许多人喝彩，可是后半部总是交不出卷子来，千万人渴望看后半部《中国哲学史》的好戏，任你千呼万唤总写不出来啊。论目前十年来胡适博士的环境，应当在美国以清闲优裕的时间，从容地把后半部《中国哲学史》写出来，以慰国人盼望之思。以胡适博士考据《红楼梦》《醒世因缘》和《水经注考》的精神，治学认真的态度和他的博学聪明讲，续写后半部哲学史，是绝无问题的，然而为什么竟写不出来呢？有人说："正因为他知道后半部宋明理学，是中国新儒家理学的大课题，可是理学是出于佛学的，胡博士对佛学是门外汉，所以说不出话来了。他在上半部《中国哲学史》里，东扯西拉的已经把宋明理学说完了，后半部又想如诸子百家一样，东涂西抹，这里抄几句，那里也抄几句就算了事，谁不知佛学不是那一套，连看也看不懂，怎样抄呢？所以下半部永远写不下来了。"这种说法，似乎过火一点，不过胡博士不懂佛学，确是事实，他在他所著《清代学者的治学方法》第二节说：

当印度系的哲学盛行之后，中国系的哲学复兴之初，第一个重要问题是方法论，就是一种逻辑。那个时候，程子到朱子的时候，禅宗盛行，一个禅字几乎可以代表佛学。佛学中最讲究逻辑的几个宗派，如三论宗和法相宗都很不容易研究，经不起少许政府的摧残，就衰微了。只有那明心见性，不立文字的禅宗，仍旧风行一世。但是禅宗的方法完全是主观的顿悟，决不是多数人自悟悟他的方法。

从这段文字里，可以证明胡博士对佛学下了许多工夫，他看过佛学中最讲究逻辑的三论宗和法相宗，不过是都很不容易研究罢了，记得他还说过："佛教唯识学，是一部极烦琐的哲学。"胡博士对禅宗也很留心，并且用过相当长期的工夫，只是蚊子上铁牛，无他下嘴处，莫得其门而入。

胡博士对佛学的了解远不及冯友兰（芝生）先生来得透辟，冯氏说：

"佛教之最高境界虽不可说，而有待于证悟，然其因明论，唯识心理，仍是严格的理智态度，走科学的路。"又说："禅宗是从较高观点以看佛教各宗的，他们所讲的宗教严格地说，不是教外别传，而是教上别传。禅宗的主要任务是破坏迷执，故所讲的形而上学为最适合空灵标准。"冯氏所著《中国哲学史》中，对魏晋以下各朝佛学，均加以客观地吸收与发挥，比以往的学者开明而客观多了。唯其客观，才能理解佛学多少。胡氏主观太重，他在“禅宗史的一个新看法”里，就有许多错误说法，并且前后矛盾太多，一方面说：“从敦煌所保留的语录看来，才晓得真正呵佛骂祖时代，才知道以后的禅宗语录百分之九十九是假的。”一方面又说：“还有一部《圆觉经》，这部经大概是伪造品，是宗密自己作的。”这都是胡氏的大胆假设所使然，既无根据，随便信口开河，说百分之九十九是假的，《圆觉经》是宗密造的，实属荒唐之至。又说《圆觉经》只有一卷，其实是两卷呀。胡氏连头陀二字也不十分明了，他说：“头陀是佛教苦修的名称，即自己毁坏自己的意思。在唐代的诗文中，常可看到描写苦修的情形。”头陀 Dhuta，译抖擞、洮拣、洮汰、浣洗等。《行事钞·头陀行仪编》曰：“善见云：头陀者汉言抖擞，谓抖擞烦恼，离诸滞着。”《大乘义章》卷十五曰：“头陀胡语，此方正翻名为抖拣。此离着行，从喻名之，如衣抖拣能去尘垢，修习此行，能舍贪着，故曰抖拣。”胡氏对此不能明了，望文生义，以为唐代的诗文中，常可看到描写苦修的情形，头陀便是苦行或自己毁坏自己的意思，这完全是杜撰。他一方面说祖师语录百分之九十九是伪造，是假的，但他在《传记文学》里说：“从《论语》以后，我们历史上使人崇拜的大人的言行，用白话文纪录下来的，也有不少。比方昨天我们讲禅宗问题时提到的许多禅宗和尚留下来的语录，都是用白话写的。这些大和尚的人格、思想，在当时都是了不得的。他有胆量把他的革命思想——守旧的人认为危险的思想说出来，做出来，为当时许多人所佩服。他的徒弟们把他所做的记下来。如果用古文记，就记不到那样的亲切，那样的不失说话的神气。所以不知不觉就替白话文学、白话散文开了一个新天地。尤其是湖南德山和尚、河北临济和尚的语录，可以说都是用最通俗的话写成的。可以知道，这些大和尚的语录，的确留下了一批传记的材料。”“禅宗和尚的语录，在文学上也开了一个新的纪元，在传记文学上开辟了一个新天地，提倡了一种新的方法。”“佛教极盛时期（公元七〇〇—八五〇年）的革命运动，在中国思想史上文化史上，是很重要的。这不是偶然的。经过革命后，把佛教中国化，简单化后，才有中国的理学。”再看他在《文学改良刍议》里说：“盖吾国言文之背驰久矣。自佛书之输入，译者以文言不足以达意，故以浅近之文译之，其体已近白话。其后佛氏讲义语录尤多用白话为之者，是为语录体之原始。及宋人讲学以白话为语录，此体遂成讲学正体（明人因之）。”“宋、明的理学家所以富理解，全因为六朝、唐以后佛家与道士的学说弥漫空气中，宋、明的理学家，全都受了他们的影响，用他们的学说作一种参考比较的资料，宋、明的理学家，有了这种比较研究的材料，就像一个近视眼的人戴了近视眼镜一样；从前看不见的，现在都看见了；从前不明白的，现在都明白了。同是一篇《大学》，汉、魏的人不很注意它，宋、明的人忽然十分尊崇它，把它从《礼记》里抬出来，尊为四书之一，推为初学入德之门。《中庸》也是如此的。宋、明的人戴了佛书的眼镜，望着《大学》《中庸》，便觉得'明明德''诚''正心诚意''率性之谓道'等话头都有哲学的意义了。……他们得着一部《一切经音义》，只认得有保存古韵书古词典的用处。"《国学季刊发刊宣言》以上所引是胡博士比较尊崇历史事实的一部分，下面再引一点关于成见方面的言论："反过来说，佛弟子也自有他的立场。老实说，他的立场是迷信。他尽管摆出科学分析的架子，说什么七识八识，百法五百四十法，到头来一切唯识的心理学和因明的论理学都只是那最下流的陀罗尼迷信的眼法！其实迷信咒术，崇拜生殖器，与七识八识有何交涉？与百法五百四十法又有何交涉？即使他证明了四大皆空，万法唯识，他怎能一跳便跳上了这条下流的路？话到归根，他本来早已上了这条路了，七识八识，百法五百四十法不过是变把戏而已，他本来不靠这一套！王小徐先生是绝顶聪明的人，但聪明的人也不免有时懵懂。聪明人滥用他的聪明，而不肯用严格的方法来裁制他的思考力，便不免陷入懵懂里去了。”（佛法与科学比较之研究序）胡博士不是为佛法与科学比较之研究作序，而是王婆骂街，失去了理智，失去了控制自己情感的力量，真正的学者态度不会如此的。七识八识的唯识心理学和因明的论理学都是科学，这是世界学者所公认，那里面根本找不到什么下流迷信的咒术，也根本找不到崇拜生殖器的文字，不知胡氏在哪一部唯识和因明论里看见佛教崇拜生殖器？请拿出证据来！这种莫须有入人以罪的学者，简直是成见太深，有失身份！胡氏以这样深固的主观去研究佛学和禅宗，难怪摸不着边沿，难怪写不出后半部中国哲学史了。为了证明我的话，再来一段比较的文字，立刻便见真学者和伪学者泾渭自分了。

自孔德分人类进化为三段：由神学，而玄学，而科学；认现代为科学时代，于是有实证哲学的建设。未几，美国詹姆斯亦有实用哲学的标榜，这两派哲学，都把玄学上的问题，存而不论；把哲学作为现代科学的总合；并非再进一步，把科学所不能解决的问题，设法解决掉。然而科学所不用解决的问题，如精神与物质究竟是怎样一回事？绝对的真理有没有？是人人所切望有一个答案的。于是不得已而由一部的科学家来答覆他：就说精神是物质的作用，而宇宙不外乎物质；绝对的真理是有的，就是唯物论。这种说法，现代科学家与非科学家附和他的很多。而吾国科学家中，有不以为然而别寻出路的，就是王小徐先生。

小徐先生有数学的天分，二十岁左右，即有关于数学的著作，为前辈所推许。……小徐先生以数学家治科学，尤长于电机工程，承认科学之所长，而又看破他能力的限度。以数学家治玄学，认为佛法中相宗的理论，非特与科学不相冲突，而可以相成。既已认科学与佛法不相冲突，则科学家如有不能解答的问题，而可用佛法解答的，何妨利用佛法？此小徐先生所以有《佛法与科学》一书。

佛法与科学，对于一部分科学家物质外无心理，物质绝对等迷信，均根据科学，疏通证明。以子之矛攻子之盾，苟为真正科学家，应无不赞同。唯提倡佛法的理由，则以唯识论为基础，而以修观为方法，乃与现代柏格森的哲学相类似。柏氏假定宇宙本体为一种生命原动力，近于佛法上阿赖耶识；以生命为绵延为真的时间，因名之为生命流，近于阿赖耶的相续不绝，喻如流水。共认识法不特理智而特真对，近于佛法中之重视现量；又闻柏氏亦用静坐观照法，尤近于佛法的修观了。然佛法的不易为科学家所信仰，乃正与柏氏的玄学相等；其最要关键，即在超感觉的意识，尚未能积极证明。佛法的宣传，随顺众生根器，无本定法；欲为科学家说法，应用科学方法作积极的证明。

佛法的目的，在脱轮回苦而得涅槃乐，苟能证明轮回为可信，则解脱轮回需要，自然起信，今欲以科学证明轮回，照我所见到的，有下列各点：

一、通灵术的证明：此为现代灵学家的工作，但结果尚未圆满。

二、借尸还魂的证明：此为笔记上常有的事，然真伪甚不易判定。若于此等事发现之初，即经科学家详密考证，认为确有其事，则所谓超物质的精神，得一强证。忆十二三年前，山东有一个农人（案民国五年二月《神州日报》登载此事，农人姓崔，山东聊城县人），中暑猝死，不久复生，简直别为一人。对于妻子，若不相识；语言互不相解，索笔砚，自书名籍贯，为朝鲜某地崔某，并详其家世颇悉。乃一有田产而曾读书的人，非复如本人的赤贫而不识字的了。蔡君儒楷时为山东省长，曾令此人到省署试验，试令担水，几不能举步；然其先是能劳作的，今已转为文弱书生了。又山东水道素多伏流，此人新有探流的技能，循其所指，掘即得泉；据说朝鲜人习此者颇多；然本人则素无此技的。如此事果确，则是官体上后天习得的能力，也可附随于灵魂的转移而获得，岂非值得研究的事？可惜崔君的事已成过去，但现在报纸上亦偶有借尸还魂的记载，若于发现的机会，为科学的探讨，不轻放过；积少成多，便可为有力的证明。

三、前生记忆的证明：记忆前生，在佛典上有多数叙述，现已无从检验，中国笔记小说中所记，亦复甚多；即小徐先生所记的苏州小孩，不习文字而能读历书，念招牌，识扇子上的字。一周岁左右，能看时报，就是一件。其他传闻所得，或重认旧居，或追寻墓地，尤与普通的早慧不同而确为记忆的一种。苟其事果确，则灵魂的能经甲体而流入乙体，殆无可疑。若遇此等事实，而以科学方法探核之，也可为有力证据的一种，至于六种神通，则其事尚在科学与玄学交错的限际。例如X光的透照，无线电的播音，催眠术的疗病，在未曾普及以前，涉学稍浅的，何尝不斥为妄谈？唯于事实发现时，严密检验，始可断定有无。其他若佛法各书，真伪的甄别，先后的考订，译文与原书的对勘，法语与寓言的疏证，均用最新的科学方法整理一番，也足以减少学者的怀疑而引起其信仰。

以上所举，皆为介绍佛法于科学家所需要的工作，小徐先生既以科学家的资格，为佛法与科学一篇以开其端绪，尤望积极提倡，促成种种科学的工作，以完成自度度人的弘愿；这是一个信仰小徐先生的人所要求的（《佛法与科学比较之研究序》，蔡元培）。为节省篇幅，不加批判，请读者自己把蔡胡二先生的序文比较一下，便知谁有学者态度？谁重科学的精神？谁重客观事实？谁是博学儒雅的学者？谁能尊崇别人人格？谁能否定主观成见的有色眼镜？口口声声科学的胡博士，却走极不科学之路，难怪他的成就止于此而已。

根本掀翻自我彻底打破法执 什么是自我？有没有自我？现在先说明我的定义。我，在印度梵文中有三字：一、补特伽罗（Pudgala—译数取趣，即人）；二、阿得摩（Atma—我或灵魂）；三、补噜沙（Pu-Rusa—，人格），这三字均可译为我。我的定义有三：一、主宰义：即能支配者，能宰割一切者，如说我要行便行，要坐便坐，要作便作，要卧便卧，要怎样便怎样，是表示内中有一个自我来支配宰割自身，复能支配及宰割他人，凡是人都有这种感觉。二、常住义：许多人相信我们的身体虽然有死去的一天，而我却不会随身体而死亡的，是常住不灭不坏的。如说精神不死，此精神即我之代名词。三、一体义：我只有一个，决无二体，故不变异。如说江山易改，本性难移，即指人之个性或本性、特性，都是不易改变的。《成唯识论》举此三义，而尤以主宰一义为正。现就此三义中主宰一义来检讨，看人究竟有没有主观的自我——主宰？就感情讲：人有喜、怒、哀、乐、爱、恶、欣、憎、信、恨等，究竟以哪个情绪为自我呢？遇什么环境，生什么情感，心随境迁，主宰何在？如果说：许多情感皆是我，那我就不止一个了。再就生理（身体）讲：我是希望青春常驻，永保青春活力和美貌。事实上，犹忆当年骑竹马，瞬眼已是白头翁，试问我能主宰此身不老吗？我能支配它——身——永远健康而不病吗？永远满头乌丝而不脱不白吗？保证目常明而不花吗？耳常聪而不聋吗？背常挺而不弯吗？足常健而善行吗？胃常康而纳食吗？齿常固而不摇吗？能保身常存而不死吗？如果你承认都不可能，那么你就得承认无我的真理！佛学主张“诸法无我”，是不容否认，必须接受它！至于个性、性格，也不是不变的，知识、学术、环境、良师益友或淫朋赌友，都可以转变人之个性或性格，性情暴燥的人，如受到良好的教育和美满的环境，立即可以变为柔和可亲，许多品格和善、性情驯良的人，如受到不良的教育或遇到恶劣的环境，性格马上变得凶暴起来。所以就性格、个性为我的定义来讲，也是没有真正不变独立存在的我。我能支配一切，我能主宰一切，我能处理一切，我有我的个性和品格，我有我的作风和态度，谁能否定没有我呢？这些在表面上看，似乎确实如此；但在精密思察反省的理智明镜的照耀下，我的确是不存在的。暂时存在的心身，只是许多因缘——关系条件——连环式的假我罢了。

上面已说明我的定义，现在再说明什么是我的本质。

我的本质，是要指出什么是我？依西洋人说：灵魂是我，灵魂是看不见的，捉不到的，它却是能支配者，而且是永远不灭的，死后可以生天国。依印度人说：一、我即知者、受者、命者（寿者）、识者。我在识中、色中。二、梵即我，或我是生主，就是由我创造万物，万物皆我所创作，即以梵为创造主，为一切生物的主体。这与基督教所说的上帝，回教说的真宰差不多。三、大我小我，大我即是以太阳为大宇宙的主体；小我即是以个人的生命为主，我是知者、受者，这个我就是个人为小宇宙的主体。印度古婆罗门教，多承认这种思想的。四、神即我，这是印度六派哲学中的数论派（Sankya）所说的神我（Eurusa）。这派主张宇宙万物之产生，有两个东西：一是神我，二是自性（Prakrti）。自性不动，神我可动。神我若动——起念，自性就受神我指示而生万物，为神我所受用，故神我是受用一切，支配一切的。五、我即生命，说生命是无量无边，无穷无尽，这是六派哲学中的尼干子派（Nigandha），即耆那教主的教义。六、梵我合一（Unitofbrahrnaaudatrna）是真我，这是六派哲学中的吠檀多派（Vednta）的中心思想，说人都有一个小我或私我，小我因受贪欲等烦恼的拘束，不能与大我合而为一，所以轮回生死受苦。大我就是梵（Brahma），梵是遍一切处一切时的。小我不能与大我合，所以我要受诸痛苦，要把私我小我打破，即能与梵我——大我——合而为一，小我即大我，凡我即梵我，真我而得解脱（Mukti）——涅槃。在小乘部派佛教中的犊子部（Vatsiputriyah），亦执着有非即蕴我和非离蕴我的两种我。我们用智慧的心眼，仔细观察一下，这些我的本质，都不会存在的，只是一些狂妄的猜谜和神秘的臆说而已。

我相和我所，相是相状，所是所有。我相又名人相，人相究竟又是怎样的相？吴稚晖先生说："人是两手一个大脑的动物，与其他的不同，只是程度上的区别罢了。"生物学家说，人是动物中的脊椎动物。如果以人相为我相，则所有人相皆是我相了。有些人说：凡有两手双足，能说话能做事，能用心思的就是人相，但这些相，有许多动物也具足的。你打我，我会回手打你，你骂我我也回骂你，我能装饰自己，我能说善讲，能写会画，生命的爱护，权利名誉的追求获得与保守，恩爱加我，富贵荣我，莫不是我相的表现。自我相，即固执知识主观的我。《大般若经》说有十六种我相，都是我相的别名。在宗教迷信的心理上：信有梵、神、天等，把他人格化了，以为他们是能扩配者，这些也是我相。还有许多超世间的我相：如圣人、贤者、至人、神人、罗汉、菩萨、佛等，这是从迷悟名言假立的一种超人的我相。所以唯识学说有我种种相的说法。此外，我所也是我相。我所又名我所有相。如所有权，在任何国家法律上，都有维护其国民的所有权——我所有相的。毁坏名誉罪，侵占动产不动产，学者的著作版权，妨碍身体、结社，集会等自由权益，皆是我所有相。不过这些我所有相，经过文化的洗礼，而归于集体的大我化，公式化罢了。佛学并不反对此种大范围的我。

从物理、化学看人，不过是些铁、磷、石灰质、脂肪等化学原料集合而已，并找不到我和我相。从生理解剖学看人，不过是些骨骼、筋皮、脉络、五脏六腑、细胞、神经血肉而已，也找不到我和我相。从心理学看人，不过是些知、情、意等心理现象而已，也找不到我和我相。从营养学上看人，不过是些营养化合物，根本找不到我和我相。知识、技能，也并不是我所有的，都是由社会环境和历史经验传承而来的，世间上岂有孤立的知识和技能吗？何况此生命的维持，不但需要人人为我，而且自然界的空气、水分、阳光、植物、动物、矿物、风云雷雨、花放蝶舞、鸦噪蝉鸣，莫不与此生命的存在有密切关系。

佛学为什么一定要掀翻我执？一、事实上的确找不到不变独立主宰的我，所以从真理上的认识论，是无我的。二、佛学是破除小我，小我不除，永远迷于血肉之躯，被私我所缚，无丝毫自由之可言，故须打破小我，获得自由。三、我是烦恼利害根源，一切罪恶的渊薮，损人利己，痛苦丛生，欲除烦恼须无我，故须除之。四、小我不除，大我不显，如乌云不散尽，太阳光不现。五、佛学主张打破私、小我、偏我，完成国家、民族，乃至以全人类全动物界为我的大我。六、以无我的真理作后盾，人类才不会走到狭意识的歧途上去，才不致做损人利己的冤枉事，讲冤枉话。七、人能无我，方能走上牺牲、奋斗、觉悟、进取、忍耐、平等自由的大道上去，否则便是营私舞弊、怯弱不前、固执成见、偏迷专制、懈怠、残忍。八、个人无我，则一切痛苦当下解脱，烦恼冰消，得大自在；国家民族能做到无我，便能摩顶放踵，兼善天下。扶助弱小，判断公理，裁度是非，不致盲目唯利害自图。此为打破我执的诸种意义所在了。

什么叫法执？法，广义上是指宇宙一切事物和道理（连人也包括在内），于此固执为实在，名为法执；狭义地讲，系指唯物论者和科学家认为客观的宇宙及支配此客观的宇宙之种种自然定律等，为绝对的真理和实在，故名法执。

法的定义，佛学训释法，谓轨持义。一、轨是范围或轨则的意思，凡事物有它的特性，不出它特性的范围之外，在此轨则内，能使我人对它生起每一事物的了解（认识），叫作法。例如竹子有竹子的特性，不失竹子，所以为竹子的范围，才能生起认识竹子的一事物。二、持是指事物之有独立不变的自性者，质言之，就是由极复杂的事物中找出单一的事物，而又有其特异于他物者，皆名之法。例如盐与糖各有其独特不变的咸和甜性，而不是酸辣等味性，这皆是由复杂中抽出其特有单一的个性事物；又如眼耳鼻舌身等各种感官作用，而不失其视听嗅味触觉的独立特性，故名为法。三、法也可说是万事（物之差别性）万理（事物的共同性）的公名，此法比普通物之一名还要宽广得多。四、法也可说是事理的概念。凡一事物，一个名称，一种符号，一种道理在内心上有一印象的概念，这概念是共通的，人人能得以了解的，也叫法。固执宇宙的事物、名称、道理（自然定律）、概念皆实在不变，独立存在的错觉而不自知，故名法执。而不知宇宙的种种事物，自然界，只是一组一组的联环式的关系，决无独立存在的事物和不变的定律。昨日的牛顿定律，今日爱因斯坦出而否定矣；昨日认原子不可分裂而今可分裂矣；昨日欧几里得的几何认为精确，认为是世界科学方法治学之始祖，曾经几何，又被罗巴切夫斯基别演为非欧克里得几何矣？由此以推，今日科学认为铁的定律，焉知明日不被否定掉为非定律的吗？宇宙的事物变迁同人类社会变迁，都是息息不居的，何得有死板呆滞而独立不变的定律？人能取下实法固执的妄见，则对客观的宇宙事物认识更为清晰矣。

揭开神秘错觉，碾碎偶像主义 思想中的病原细菌最深者，还有神秘主义（Mysticism）和偶像（idols）主义的错觉思想，这两种错觉思想不碾碎，人类的自尊自由思想不会有发展之余地的。神秘思想最浓厚而最难荡涤的，莫过于宗教（religion）及宗教哲学（Philosophy of religion）思想，他们否定人生有自主之权，人生下来就有原始罪恶，不信仰神就永远要打入地狱，信仰祈祷求免罪咎，就会得到神的恩宠而获救；世界是神在六日六夜创造的，人的灵魂也是神造的，人的躯壳也是神造的，女人是神用男人的一根肋骨造成的，人对自己的思想行为好坏都可以不负任何责任，因为人是羔羊无知，人对神不能有丝毫怀疑的意念，只有绝对的服从和信仰，对《圣经》不能有解释的余地，只有代表神的神父牧师们才有资格阐释。神是全知全能，却不能奈何魔鬼！神是博爱的，却要把不信仰者永远打入地狱里，他却不能把恶浊的世界改造成为完善的美满的和平世界，却不能叫我们不耕而有食、不织而有衣，何全能之有？道教者流，执五蕴行身中有肉心可以成神性名曰真汞姹女，凝神不动，名曰离宫习定。执肾中之精气名真铅，又名婴儿。炼精化气，名曰水府求玄。又以意为真土，名曰黄婆，用意调息摄心名曰伏虎；凝神合气名曰降龙，身心意合名曰归主釜，寂然不动名曰修性。爱惜精气，注守丹田名曰气海。心身定久，则尾闾气动，用意吹提，中冲夹脊，过玉枕，上天谷，化为金液，咽下重楼，落于黄庭，名乾坤交媾。此名金液炼形，谓能驻颜益寿，返老还童，名曰修命。如是名曰性命双修，修到功成，可以白日飞升，上朝玉帝，名曰仙班，长生不死。此外如十字会利用扶乩飞鸾，立教主曰老祖，老祖生五儿曰儒、释、道、耶、回，为五教教主。凡此无历史可考之神话，居然参加者众，印度近千种之不同宗教，中国及日本的下等宗教近二百种，或守玄关一窍，或守眉心，或观鼻端白，或主炼丹，或拜一神，或拜多神，或发恶誓保守其秘密，皆神秘之流也。吾国许多宗教及医学，莫不极富神秘色彩，如五世家传秘方，应验如神等。时至今日，一切学术公开，如日月经天，何私秘之有？凡神秘者，其用心多包藏神秘之用意，吾国学术之不提倡，科学之落后，皆神秘主义思想作祟之故也。

偶像主义，亦为病原思想细菌之一，基督教讥佛教为偶像崇拜的宗教，《新旧约》均主张废除偶像者。而十字架，耶稣及圣母像，非偶像而何？圣经刊行会也，传教布道，教堂高耸，身着罪衣，拦路拉人，非偶像而何？真正不崇拜偶像者为佛教，如云门一棒打杀喂狗子，德山呵佛为干屎橛，三藏十二部经为拭疮纸，达摩（禅宗老祖）为老骚胡，丹霞烧佛像取暖，禅宗寺院唯立法堂，不立佛殿，黄檗教人不着佛求，不着法求，不着僧求，何偶像之有？禅宗为什么要碾碎偶像主义？自卑而崇他，心外求法，道转悬远，愈求而愈失其本真，正所谓“为学日益，为道日损”，本自尊贵，何用外求？此种“虚空粉碎无余事，佛祖犹为镜上尘”“金沙虽贵，入眼则翳”的工夫，绝非门外人所可得而语的。此理在《新旧约》中亦有如云“我是生命，我是道路，我是真理”。又说：“上帝是个灵，你们崇拜上帝的人，应当用心灵和诚实去崇拜他。”这上帝原指人之本有灵知之性，又何偶像上帝之有？痴犬逐块，何等可怜。

讲到偶像主义，记得近世哲学家培根（Francis Bacon）亦极力打破它。他以为我们要想得到真正道地的新知识，必须先将我们心上的尘秽荡尽。他说我们的心好似一块镜子，看来无论怎样的光明，上面至少总积着一些灰尘。心镜上的灰尘，就是所有不真实不正确的见解（Perception）或各种错觉（illusions），培根特称此为偶像（idols）。偶像就是介于我们与真理之间的假象和幻觉，而误认为真的。他把偶像分为四种类型：

一、种族的偶像（The idols of tribe），或为人类普通设想（Presupposition）。例如人常把感觉当作事物的标准，用感觉来审定宇宙万物。其实感觉好比一面凹镜，摄入镜中的万物已非万物的本相。因为凭信感觉，致使我们得到的知识非万物的真象，而为感觉所构成的幻相。人类的悟性，对任何意见，一经决定后，便强令其他一切来支撑和证实它。一经相信能赏善罚恶，便把种种偶尔应验的事情做佐证，以强撑起这种信仰，把其他一切不应验的都抹煞了。人类相信卜筮，梦兆和果报等，都是如此的。诸如此类，都是种族的偶像。

二、洞窟的偶像（The idols of cave），或曰因天赋个别的癖性，生活情况等等而致的个别偏见，各人从他自己洞窟中的观点以察看事物。对事物的观察，有人注意于相异点，有人侧重于相同处；有人致力于分析，务求事物的要素；有人好总合，留意于全体；有人师古而不师今；有人师今而不师古；有人崇拜孔孟，排斥杨墨；有人佩服杨墨，谩骂孔孟，这些都是洞窟的偶像的实例。

三、市场的偶像（The idols of market），这种偶像是由于人们相互间的贸易和交际所用的语言文字。这些是错觉中最坏的，为所有偶像中之最讨厌的。文字常用做没有存在事物的名称；或为实在的事物的名称，而定名混乱不确切，这种偶像就起于名实不相符，执名而失实的错误。孔子所谓："觚不觚，觚哉！觚哉！"乃是这种偶像的好例子。孔子所创的正名的思想，就是要粉碎这种偶像的。从他所说名不正的害处里，就可以深知这种偶像的危害了。

四、剧场的偶像（The idols of the theater），即由于哲学家的各种学说和错误的推论律，深入于心窝中所致的偶像。培根以为一切公认的哲学系统仅不过为许多舞台剧，代表他们在幻想摹拟中自己创造的世界。这个世界由柏拉图（Plato）叙述起来，仅为一柏拉图所构造的世界，所描出来的乃是柏拉图的，而非世界的本身——真相。今日处于信息时代，迷信者流，闭目犹言神造世界，信仰得救；究国学者，株守陈法，开口内圣外王，生生不已之谓仁，佛家之心为觉照，非仁，故无创造，所以儒家要辟佛了。这般人都深受着剧场的偶像思想之毒害，而犹不自知，殊深可怜悯。

培根说上面四种偶像，都是心镜上最难拂拭掉的灰尘；但非把它们去掉是不能显出心的圆明妙镜，以照摄事物。所以打倒偶像是求真正新知识的第一步工作。

培根于一五六一年生于英国伦敦，十二岁入剑桥大学（Cambridge University），受高等教育，每读亚里士多德（Aristotle）的著作，总觉不满；他改造哲学的志愿，就在此时萌芽。他说的四种偶像，已不多为今日世界许多学者思想家所最容易犯的毛病，深中肯綮。虽为时三百多年，仍不失其客观正确的价值，故撷节此以作证明。

思想卫生的训练方法

怀疑是训练思想方法的捷径 上节四点，说明了思想消毒的先决条件，现在要提到思想卫生的训练方法了。思想卫生的训练方法，我以为怀疑（Suspicious）是训练思想方法的唯一捷径！但我主张怀疑的态度是偏重理智的，客观的，分析的；而是以疑为手段，悟为目的的。佛法说疑是解津，和禅学的小疑小悟，大疑大悟，不疑不悟的方法与精神，均可为我一部分怀疑的注脚。

没有真情迫切的问题徘徊于胸次以求解决，永远不会有奇迹出现的。瓦特（James watt）见到水沸时，提出为什么壶盖会震动的问题，这问题在他脑子里转来转去，经过相当时间，他才悟到了汽力道理，根据此道理，专心研究，于是发明了凝结汽机、汽压表、火车头、蒸汽机等，开创近代工业界之新纪元。试思谁家不烧开水？谁人不见水沸壶盖震动？这本是世界上最普遍平常的事情，我们毫不觉得有问题，所以也就没有什么发明；而这事情一跑进瓦特的脑海里，却掀起为什么水沸壶盖震动的大问题来。这个便是怀疑，便是问题，有了这疑团盘旋在他的脑海里，便是发明蒸汽机前的根本原因，有了疑的原因，才会有问题，有问题才会专心一意地求解决，有了迫切求解决的决心和精神，所以才会有蒸汽机出现的悟的结果。没有疑的原因和求解决问题的问题，决不会有悟的结果的。

牛顿（Sir Isaac Newton）见苹果（Apple）落地，立即想到为什么苹果一定往下堕而不往上飞？并且类推不单苹果如此，凡是树叶、飞鸟，莫不一样下降。他有此为什么的问题横梗胸中，才有万有引力定律的发现。这是科学上怀疑思想的良好榜样和结果。

上面就科学怀疑的态度略举一二而论，现在看禅宗怀疑的态度又如何？唐朝宰相裴休，学佛多年，对于一念不觉，忽起无明，遂有生死流转云云的说法，时怀忽起无明，无明究从何处而起？藏在何处的疑情在心，所以他逢有机会，便不放弃对这个问题的研究。一天黄檗希运禅师上堂，于是他问这个问题的机会到了，他作礼之后便问："请问和尚，如何是无明起处？"黄檗如老鹰捕兔似的道："裴小子！你也敢来问这个呀？"裴休猛不防这个大善知识竟呼他为小子，堂堂宰相，不觉面红耳赤，黄檗抓紧这个机会，看在眼里，明在心里，以手指着裴休的面部道："这就是无明起处！"裴休经他这么一拶，言下豁然大悟了。试问他平日胸间若无"无明究竟从何处起来"的疑情蕴在心头，又怎能发问？若不发问，又怎能有今日开悟的机会？禅者教人用功夫的方法：

将三百六十骨节，八万四千毫窍，通身起个疑团，参个无字，昼夜提撕，莫作虚无会，莫作有无会；如吞了个热铁丸相似，吐也吐不出；荡尽从前恶知恶觉，久久纯熟，自然打成一片；如哑子作梦，只许自知。这只是教人用疑情的一个方法而已，疑情愈紧愈重愈深，精神愈能集中，意志愈能统一，则其开悟的时机也就愈能加速。所以不管科学上、禅学上、哲学上，乃至政治、军事，民族存亡，学术思想，必须要有问题，才能去找寻答案；无问题，则无答案；无答案，便无悟境，便无成就！

或问曰："你所谓怀疑，是否与浪漫哲学有关呢？"我的答复是：应当加以界说，哲学中有所谓怀疑论（Scepticism）派，即古希腊的诡辩学派（Sophists），代表人物为比罗（Pyrrho or Pyrrhon），卡涅阿德斯（Carneades），埃奈西德穆（Aene Sidemus）等，他们都主张我们认识之不可能，我们无由窥见真理的堂奥的一种学说。我们只有怀疑，而结果是不可知，落入怀疑不可知之神秘臼穴里，这当然不是我所主张的怀疑论了。还有普罗塔哥拉（Protagoras），高尔吉亚（Gorgias），普洛狄科（Prodicus），希琵阿斯（Hip Ũ gias）诸人，他们对于希腊自然哲学（Natural Philosophy），大抵也是取怀疑态度，转而注重人生问题。他们主张在理论上，真理之究极标准为个人；在实际上，善恶之究极标准亦为个人；

所以人类知识变动无恒，人类的动机唯知自利。他们初但以立身处世及修辞能辩的学术授人，及末流所趋，行为放纵，专以诡辩为能事，以惑人而自护短，到后来授徒收取学费，遂为世人所诟病；这与我国魏代的何晏、夏侯玄、王弼等人，祖述老庄，崇尚无为之说，排弃世务，专读玄理；后进慕其风而效之，影响所及，蔚成一种风气；到了晋朝的王衍诸人，清谈的风气更加盛起来；后人以为晋祚之亡，实为清谈所误——清谈足以误国的情形有点相似。那么我的怀疑态度，当然不是古希腊的诡辩派了。如果一定要勉强扯进怀疑哲学队里，只有近世的笛卡儿（Rene Descartes），休谟（David Hume），他们有点相似（相似而已），笛氏主张以怀疑为研究学术的途径，意在排除传统思想，扫荡脑子里的成见翳障，将一切事件诉之于理性（Reason）。在这一点上，与我的怀疑态度相差尚不十分远。

或又问："佛学十一善法中，第一为信心；根本烦恼中第五为疑使；疑和信，一善一恶，为什么主张怀疑？是否连佛经也要疑？"我的答案是：一、疑是悟解之津梁，疑而后信，斯谓之真信、智信、自信，非泛泛听人说而信者可比；二、疑乃是对事理怀着犹豫不决的心理；若一旦自决了，自然不犹豫，而转犹豫为信心；至于对佛经是否也要怀疑的问题，可从推理经验历史各方面参证，应当怀疑者又何尝不可疑？此问题太大，姑置勿论，唯识学说疑，多带宗教色彩的心理，是伦理的，信仰的。例如：《成唯识论》卷六云："云何为疑？于诸谛理，犹豫为性；能障不疑善品为业；谓犹豫者，善不生故。"谛理，即四谛——苦集灭道——的世间和出世间两重因果道理，犹豫是怀疑不决，此可牵到人生问题？也应当疑的。青年人，环境好时，绝不相信人生的根本纯是一大苦聚毫无乐趣的，也不会相信人生生命之流的延展性是从烦恼作业流转而来的；至于出世的因果，武断者完全会否认，思想民主一点的也只不过认为是佛教理想的人生观，一种崇高遥远希望的解脱境界而已。佛弟子虽信这是真谛，但在未亲证四谛之前，仍为一种相似的信仰，尚谈不到十信位的信心。总之，疑是抉择是非，辨别真伪，发明真理的利器。国人怀古者，只一味信仰古人及五经四书为唯一的圣者、国粹，保之则可以强国；趋新者又一味认为事事崇拜西洋人物、学说为唯一强国之道，国学尽可弃之垃圾堆中。此种食古不化、食今也不化的皆全凭直觉传统成见所麻醉，并未经过自己深疑研讨考虑而使然。所以我主张对人生学术、国情等皆可用怀疑的研究方法来解决一切问题的症结，切不可轻信什么权威的偶像主义！在崇拜偶像主义之下，决产生不出伟大的人格和卓异的思想家的！因为屈己从人的人，则其人格思想，必为另一偶像主义所渗透，无形中被其所动摇所同化，反而障蔽清净空灵的心镜，心镜既蒙上一层尘翳，真理的领域，遂为壅塞而失去其本来面目了。真正的疑情，即是拂拭心镜上先入为主的成见尘翳的最佳方法，也就是训练思想卫生方法的唯一捷径。

检讨知识的标准法 问：我们训练思想，不能不接受外来一切学术知识以为启发之助，除了怀疑方法之外，对于外来的一切学术知识的选择，也还有没有一个客观性的标准方法以为依凭？曰：有！那就是《大智度论》第九卷所谓“依法不依人，依了义经不依不了义经，依义不依语，依智不依识”的四依法。兹分二点说：一、约原意；二、约扩大范围。四依法的原意是说凡人学习佛法，有此四种，作为依凭：一、依法不依人，人是有情中之假合的，法是法律的轨则，为修行之准绳，依之修持而可以入道，而说法的人何关于法之实行？假使说法之人纵然为凡夫外道，而所说苟契合于法，亦可信受奉行；假若说法的人有佛之相好辩才，而所说的不契合于法，虽出自佛口，则亦应当舍弃不可依，何况其余的人呢？二、依了义经不依不了义经，佛教三藏中的经典甚多，其中有了义——究竟——的，也有不了义的，应当择取明示中道实相之了义经，非然者为不了义经；学佛法的人必须先要晓得这个道理，于佛教经典不至壅滞不通，疑而不决；若以了义经为依归，则能入道了。三、依义不依语，义为中道第一义谛，语乃文字言语说义的符号——筌蹄，学佛法的人，应当思维语言中所诠表的实义，而于言语文字的筌蹄，当弃舍之；若死守言语文字，徒增疑惑诤讼，不能见义，何异痴犬逐块？四、依智不依识，智为本心所具之明德，识乃缘境而生起之妄心，学法的人必定要止息其妄识，策发其真智，才能与法性相契合。现在扩大范围来讲：依法不依人，人是国民，法是国法——宪法，国民的权利和义务及各种自由等，皆在宪法中已经规定了的，国民以法为行事的准绳，决不会错的，不必以人为依归。人如父母、师长、朋友、法官等，他教我违法去盗窃杀人，则不可依；反之虽是贩夫走卒，人微言轻，他教我不可犯法，我也得服从他对这法的范围和指示。法官虽能执法，拿法去裁判那犯法的人；但他若违了法，也得受法律的裁判，法律之前，人人平等，所以我们要依法不依人了。亚理士多德（Aristotle）说："老师与真理，皆我所亲爱者，但宁从真理，乃我的神圣的义务。"也有依法不依人的精神。又自然界许多自然规律和现象，不可依人们错觉和迷信的说法而相信他以为标准，如说雷公打人，天狗食月，又如说人和世界是神造的荒谬言论等，依法不依人，是纯客观性的最正确最彻底最究竟的社会科学和自然科学的方法，绝不是“绝圣弃智……绝仁弃义”的说法。所以这是训练我们民主客观思想和选择合理知识学术的唯一标准尺量！凡是独裁的国家等，只依人而不依法，一切唯独裁者马首是瞻，所以国民涂炭，思想学术毫无自由和生气，其国民及部下，完全变为摇尾乞怜的奴才，试看近六十年来，独裁国家，是否出了半个伟大的思想家？依人不依法，是有百害而无一利的，依法不依人，才会产生伟大的自由思想的真学者来。依了义经不依不了义经，经是书本文字，了义经是最究竟圆满普遍的真理（缘起中道见下节）的书本，也可以说了义是非逻辑的，不了义是语言逻辑的，依此标准试问世间的书籍真是汗牛充栋，合乎了义的恐怕要等于凤毛麟角了。依义不依语，语是各种方言文字，义是语言文字所诠表的道理——真理，因言语文字的定义不同，各人的知识程度不一，记载各异，排误的也在所难免，所以我们读书时，不要做那咬文嚼字的死板工夫，应当明了其意义所在就得了。文字只是说道理的一种符号，切不可认符号就是真理的实事；如人以指指碧空中的月亮，应当因指见月，否则便失其指（语）月（义）之意旨所在了。禅宗说“依文（语言）解义，三世佛冤”；又说“彩云端里神仙现，手把红罗半遮面；急须着眼看仙人（义），莫看仙人手中扇（语）”的意思，可为依义不依语的最佳注脚。依智不依识，智是理性的、玄览的、旷照的、通明的、灵觉的、冷静的、观察的、深密的，识是感情的、迷惑的、私怒的、冲动的、感觉的、浅显的。前者净而圆遍的，后者染而狭小的。知识情感，没有经过理智的镕铸，犹如杂而不纯的金矿。所以憨山大师说“依识染，依智净；识有生死，净无涅槃”的界限。大抵知识界对于宇宙人生真理的看法，都是聚讼千古，莫衷一是，皆是识——妄想分别——边的知识。识边的知识，恰与盲人摸象相似，谁是智者不惑的思想者？哪种学术知识是标准知识的依凭？实在不易找得！清儒戴震（东原）痛诋宋明理学家之非说：

宋以来儒者，以己之见，硬坐为古圣贤之言之意，而语言文字，实未之知，其于天下之事也，以己所谓理，强断行之，而事情原委隐曲，实未能得，是以大道明而行事乖！孟子曰：“生于其心，害于其政；发于其政，害于其事。”自以为于心无愧，而天下受其咎！又说后儒冥心求理，其绳以理，严于商、韩之法，故学成而民情不知，天下自此多迂儒；及其责民也，民莫能辩，彼方自以为理得，而天下受其害者众也。戴震的说法，在知识上讲，可说实是洞见宋明儒者症结所在的快论，而他自己却仍是以儒者道统自任，走宋明儒者的老路；除考据外，其所立论，亦多是肤浅浮嚣，不肯中綮，实不足以救宋明儒者之偏失，根本原因是他们囿于传统知识的积累，而无超越智慧修养之故。

问：学问、知识、智慧，三者的疆域，究竟如何划分？答：照一般说，知识智慧是有显然的区分：学问是知识的聚集库，是滋养人生的一种原料；而智慧却是陶冶这原料的熔炉。这是知识和智慧区别的第一点。如果说学问好比是铁，那么智慧便是炼钢的电火。这是知识和智慧区别的第二点。学问是由一滴一点寸积铢累而来的，常是各有各的范围独自为政的（如政治、经济、军事、教育、哲学、科学、宗教、文学等，莫不各有畛界），它虽吸收人生的兴趣，但它本身却是人生的工具；智慧是一种透视，一种反省，一种远瞻；它是人生含蕴的一种放射性，它是从人生深处发生出来的，同时它可以烛照人生的前途，领导人生向光明幸福之途迈进。这是知识和智慧不同的第三点。举一而不能反三，于事理只能知其当然而不能知其所以然的是知识；彻悟人生的源流，穷达万有的底蕴，知事理的所以然及必然的是智慧。这是知识和智慧不同的第四点。此约世俗谛，若约佛学则更深奥。佛学以转识成智为目的，限于篇幅，兹不详论了。总之，四依法，是净化知识学术思想的标准方法。对于外来知识的选择，离开了四依，是很难找得到客观标准的条件的。四依是透视知识学术思想的 X 光，检查知识学术病原细菌的显微镜，使思想、知识、学术净化的唯一利器。

结尾的话

当第二次世界大战结束之时，统计各战场死伤五千万人民之多。残废的战士及啼饥号寒的孤儿寡妇到处皆是，战士还乡，大好家园，多成废墟，满目疮痍，有类世界的末日到临。世界学者，莫不触目惊心，警惕于第三次世界大战之重演，则人类文明之毁灭，将更不堪设想。于是有人怀疑人类原有之文化、宗教、道德之不可靠，必须有重振之必要的呼吁，权威科学家爱因斯坦（Albert Einstein）氏，曾亦大声竭力呼吁世界学者，急需从事于人类思想和信仰之重建运动，以防止第三次世界毁灭性的大战之爆发。可惜爱氏只作警告式的呼吁，并未提出防止战争爆发、消灭战争的具体建议和行动来，以使世界学者实际从事于此一伟大迫切的工作而努力。今爱氏已死，世界学者对爱氏的呼吁，久已日渐淡忘而置诸脑后矣。今日举世人类所注意者，并非是思想家和什么思想卫生化的问题，而是极少数的政治家和军事家及各种毁灭性战争武器研究的科学而已，战争只是野蛮时代解决问题万不得已的一种手段，人类理想的社会，应当是安乐幸福、和平繁荣的世界，决不是以战争为目的的痛苦结局。我呼吁世界学者，从速组织一个世界和平学术思想研究机构，积极从事于人类学术思想卫生工作的研究和改良，出版尽善尽美的书籍，推行学术思想消毒的方法，庶几二三十年后，世界真正和平的目的，相信是可以达到的。我们切不要把这种责任推到科学家的肩膀上去，科学家的责任是有限度的，他们只是控制物质的有限公司，只供给人类以控制自然界一部分权力，而无法给予或训练人类使有克制情绪、欲望、贪欲、性欲、占有欲，及战争欲的权力。质言之，他对于人类精神控制，是毫无办法的；故其权力落到野心政治家的手里，必造成人类空前未有的毁灭力；对于整个人类文化的生存，发生莫大的危机。所以英国历史学家威尔斯（Wei Erhszu）说："人类如不能管制毁灭力量，毁灭力量将破坏文明。易言之，人类如有切实计划，十年二十年以后，便可跻世界于大同，否则科学纵然发达，而人类必因之沦胥以俱亡。"此诚为一针见血的沉痛之呼声！战争的毁灭力，究竟大到若何程度？美国退伍海军上将海尔赛所撰论文中说："据某些当局估计，在第三次世界大战的第一天，我们将用比第二次世界大战中全部火力都还要大的爆炸力袭击于俄国。"（一九五四年十二月号美国人杂志）我们不会忘记本年五月二十一日早，美国在太平洋比基尼岛投下第一枚试验的氢弹吧？它的爆炸力，等于千万吨黄色炸药。破坏力达二次大战美所投全部炸弹的五倍。可见海尔赛的估计并未错。再看一九五四年九月二日英国科学促进协会会长亚德里安博士在该会年会中说：“科学家们，不久将来，只须把电钮一按，即能使三分之二的世界为之毁灭。”我们根据这些事实和报告的记载，将来残酷的科学战争，只是自己毁灭自己创造的物质文明和人类而已。我们要唤醒人们清醒起来，解除心理上猜疑的枷锁和思想中毒素的涤荡，携手于互信共存的公众和平利益而相谋，以促进世界大同之早日实现。此是我写这篇《论思想卫生与身心健康》的意志所在了。

出版后记

星云大师说："我童年出家的栖霞寺里面，有一座庄严的藏经楼，楼上收藏佛经，楼下是法堂，平常如同圣地一般，戒备森严，不准亲近一步。后来好不容易有机缘进到藏经楼，见到那些经书，大都是木刻本，既没有分段也没有标点，有如天书，当然我是看不懂的。"大师忧心《大藏经》卷帙浩繁，又藏于深山宝刹，平常百姓只能望藏兴叹；藏海无边，文辞古朴，亦让人望文却步。在大师倡导主持下，集合两岸近百位学者，经五年之努力，终于编修了这部多层次、多角度、全面反映佛教文化的白话精华大藏经——《中国佛教经典宝藏》，将佛教深睿的奥义妙法通俗地再现今世，为现代人提供学佛求法的方便途径。

完整地引进《中国佛教经典宝藏》是我们的夙愿，

三年来，我们组织了简体字版的编审委员会，编订了详细精当的《编辑手册》，吸收了近二十年来佛学研究的新成果，对整套丛书重新编审编校。需要说明的是此次出版将丛书名更改为《中国佛学经典宝藏》。

佛曰：一旦起心动念，也就有了因果。三年的不懈努力，终于功德圆满。一百三十二册，精校精勘，美轮美奂。翰墨书香，融入经藏智慧；典雅庄严，裹沁着玄妙法门。我们相信，大师与经藏的智慧一定能普应于世，济助众生。

东方出版社

图书在版编目（CIP）数据

空的哲理／道安 著. —北京：东方出版社，2015.9
（中国佛学经典宝藏）
ISBN 978-7-5060-8483-3

Ⅰ.①空… Ⅱ.①道… Ⅲ.①空—佛教哲学 Ⅳ.①B94

中国版本图书馆 CIP 数据核字（2015）第 248222 号

空的哲理
（KONG DE ZHELI）

作　　者：道　安
责任编辑：夏旭东
出　　版：东方出版社
发　　行：人民东方出版传媒有限公司
地　　址：北京市东城区朝阳门内大街 166 号
邮政编码：100010
印　　刷：北京明恒达印务有限公司
版　　次：2016 年 6 月第 1 版
印　　次：2023 年 2 月第 3 次印刷
开　　本：880 毫米×1230 毫米　1/32
印　　张：7
字　　数：100 千字
书　　号：ISBN 978-7-5060-8483-3
定　　价：31.00 元
发行电话：（010）85924663　85924644　85924641